特斯拉自传

MY INVENTIONS THE AUTOBIOGRAPHY OF NIKOLA TESLA

[美] 尼古拉·特斯拉 著

谷小书 译

中国友谊出版公司

图书在版编目（CIP）数据

特斯拉自传 /（美）尼古拉·特斯拉著 ; 谷小书译 .
北京 : 中国友谊出版公司，2025. 6. -- ISBN 978-7
-5057-6097-4

Ⅰ. K837.126.1

中国国家版本馆 CIP 数据核字第 2025BS1101 号

书名	**特斯拉自传**
作者	[美]尼古拉·特斯拉
译者	谷小书
出版	中国友谊出版公司
发行	中国友谊出版公司
经销	新华书店
印刷	天宇万达印刷有限公司
规格	670 毫米×950 毫米　16 开
	10 印张　93 千字
版次	2025 年 6 月第 1 版
印次	2025 年 6 月第 1 次印刷
书号	ISBN 978-7-5057-6097-4
定价	46.00 元
地址	北京市朝阳区西坝河南里 17 号楼
邮编	100028
电话	（010）64678009

有人曾问爱因斯坦："如何成为世界上最聪明的人？"

爱因斯坦回答："我不知道，你必须去问尼古拉·特斯拉。"

目 录 CONTENTS

附　录

110

第一章

我的早年人生

人类的进步离不开发明。作为人类富有创造性的大脑最重要的产物，发明的最终目的在于使精神能够完全掌控物质世界，并驾驭自然之力以满足人类的需要。这是摆在发明家面前的艰巨任务，尽管他们总是遭人误解且多半劳而无获，他们仍能得到足够的心理补偿，其中一方面源于发挥自身所能的快乐，另一方面则源于属于深受上天眷顾的阶层的自知之明。没有了他们，在与自然界的无情力量奋力相搏的过程中，人类可能早就灭亡了。

就我自己而言，我已经享受到太多这种妙不可言的乐趣，多年来一直如此，所以我的生活充满了喜悦。有人夸我是拼命三郎，如果把思考等同于劳动，那么也许我的确是，因为只要醒着，我几乎都在苦思冥想。但要是把工作解释为在特定时间内按照一套严格的规则取得一定的成绩，那我可能就是最不务正业的人。任何强迫性劳动都是对生命力的虚耗，而我从未付出过这种无谓的代价，正相反，我的事业之所以蒸蒸日上，正是因为我勤于思考。

在《电气实验者》杂志编辑的帮助下，我将发表一系列主要面向年轻读者的文章。尽管有些勉为其难，但为了如实连贯地描述我的奋斗历程，我必须重拾儿时的记忆，并细细回想那些奠定我职业生涯基础的际遇和往事。

我们在人生之初的尝试纯粹是天性使然，受到鲜活生动、肆意奔放的想象力驱动。随着年龄增长，理性占据上风，我们变得越来越有条理性和计划性。虽然早年那些心血来潮的想法不能产生立竿见影的效果，但那是决定我们命运的最重要的契机。事实上，现在想起来，要是当时我认识到那些想法的价值并在此基础上加以耕耘，而不是压制它们，那么我会给世界留下一笔更宝贵的财富。非常遗憾，我直到成年后才意识到自己是发明家。

这一遗憾是由多个原因造成的。其一，我有过一个天赋异禀的兄长，他智力超群，以至于生物学家都无法解释。但他英年早逝，让我的父母陷入了无法自拔的悲痛。我们曾拥有一匹阿拉伯纯种马，它是一位密友送给我家的，聪明伶俐，堪比人类。我们全家人都把它视若珍宝，对它呵护有加。有一次，它在极其凶险的情况下救了我父亲一命。那是在一个冬夜，我父亲执行一项紧急任务，在骑马翻山越岭时遭遇狼群，那匹马因为受惊而逃跑，将父亲狠狠地甩到地上。它跑回家时已经筋疲力尽，身上还流着血，但在发出警告后又立即掉头飞奔返回事发地点。搜寻队没走出多远就遇到我父亲，当时他已恢复了神志，重新上马，丝毫没有意识到自己在雪地里躺了好几个小时。但也正是这匹马，导致我的兄长身受重伤，最终不治而亡。我目睹了那一幕惨剧，尽管事隔56年，当时的场景还是历历在目，恍如昨日。记忆中兄长可谓成就斐然，与其相比，我付出的所有努力都显得黯然失色。

　　我所做的任何值得称道的事，都只会让我父母更深地沉浸于丧子之痛。因此，我从小到大都没有什么自信。不过，有件事我至今记忆犹新，从这件事上来看，我远远谈不上是个笨孩子。有一天，我正和几个小伙伴在街上玩，刚好有一帮市府官员路过。这些受人尊敬的绅士中最年长者，也是富有的市民，他停下脚步，要给我们每个人一枚银币。走到我面前时，他突然收住手，用命令的口气说："看着我的眼睛。"我迎向他的目光，让我失望的是，当我伸出手去接那枚珍贵的银币时，他说："不行，没多少了。你太聪明了，就别指望从我这里得到什么了。"家人曾讲起一则有关我的趣事。我有两个脸上布满皱纹的老姑姑，其中一位长着两颗龅牙，似象牙一般突出，每次她亲吻我，那两颗牙就会嵌入我的脸颊里。在我看来，最恐怖的事情莫过于被这两位爱心四溢而又让人敬而远之的亲戚拥抱。当时刚好我母亲把我抱在怀里，周围人便问我，两个姑姑谁更漂亮。我将她们的脸端详了一番，指着其中一个若有所思地答道："这位不像那位那么难看。"

另一个原因是，自打出生起，我的人生就已被规划，即成为一名牧师。然而，每当想到这样的未来，我的心里就像压了块石头一样难受。我十分渴望能成为工程师，无奈父亲固执己见，不容变通。他的父亲是一名军官，服役于拿破仑大帝的军队，曾经在军事院校接受教育，这与其兄弟（后成为一所著名学府的数学教授）如出一辙。匪夷所思的是，父亲后来却从事神职工作，并获得显赫的地位。他不仅博学多识，而且是真正无师自通的哲学家、诗人和作家。他布道时口才雄辩有力，足以媲美亚伯拉罕·阿·圣克拉拉①。他有异乎常人的记忆力，时不时用几种语言背诵名著中的大段文字。他常开玩笑说，万一某些经典著作失传绝迹，他可凭记忆将它们一一誊写出来。他的文字简洁凝练而又充满机智，诙谐有趣，这种写作风格备受读者赞赏。他谈吐幽默风趣，言语间总是彰显个性。我举一两个例子来说明。我家有个叫马尼的帮工，他在农场上干活儿，眼睛有内斜视。一天，他正挥斧砍柴，我父亲恰好站

---

① 亚伯拉罕·阿·圣克拉拉（1644—1709）：德裔著名牧师，1669 年成为维也纳皇家牧师，以口才好、著书多闻名。

在他身旁，因为感到惴惴不安，便提醒他："马尼，看在上帝的份上，千万别砍你眼里看到的东西，砍你心里想砍的东西。"还有一次，父亲开车带着一位朋友兜风，朋友不小心将昂贵的毛皮大衣蹭到车轮上。父亲给他提了个醒，说："把你的外套往里拽一点吧，不然车轮胎可要被你毁了。"父亲有个怪癖，动不动就自言自语，而且总是变化着语调自己跟自己兴致勃勃地对话，时而又沉浸于激烈的争论。如果有人无意中听到，肯定会以为屋里的声音是好几个人发出的。

追根溯源，我的发明才能要归功于我母亲的影响，但是父亲对我的训练无疑也有很大帮助。这当中包括各式各样的练习课程，比如猜测对方想法，找出某种形式或表达的不足之处，复述长句和做心算等。这些课程日复一日，其目的不仅在于增强记忆力和推理能力，更在于培养批判意识。毋庸置疑，我从中获益匪浅。

我母亲出身名门，家族历史悠久，世代不乏发明家。她的父亲和祖父发明了许多家用、农用和其他用途的工具。她是名副其实的伟大女性，集非凡的技能、勇气和毅力于一身，总是勇敢地面对生活的风风雨雨，也经历了很多艰难困苦。在我母亲16岁那年，一场严重的瘟疫席卷了全国。她的父亲被召去为垂死之人主持临终圣礼，其间，她独自去帮助患上这种可怕疾病的邻居。很快，这个五口之家的所有成员相继病故。她给死者净身、穿衣，并将遗体摆放好，还按照当地习俗用鲜花做了装饰。当父亲回来时，他发现一切都已准备妥当，可以举行一场基督教葬礼了。我母亲还算得上是一流的发明家，若非受限于时代与机遇，我相信她一定会成就一番伟大的事业。她发明并制作了五花八门的工具和器械，用自己纺的线织出精美的图案。她甚至亲手播种、栽培植物，并将纤维分离出来。她从早到晚不知疲倦地工作，家人所穿的大部分衣服和使用的家具都出自她手。年过六旬时，她的手指依然非常灵活，说她能给一根睫毛打三个结似乎都不为过。

我之所以迟迟才醒悟，还有一个更重要的原因。童年时，我饱受一种怪症的折磨。一些影像会莫名地浮现在我的眼前，往往还伴随强烈的闪光，这导致我的视觉出现问题，看不清真实物体，思想和行为也乱了套。这些事物和场景的画面都是我真切所见的，而非我的臆想。当有人跟我说起某个单词时，这个词指称的物体就会栩栩如生地呈现在我眼前。有时候，我简直无法辨别我所看到的东西究竟是不是真实存在，这让我感到极为不适和不安。我问过心理学和生理学专业的学生，可没有一个人能够就这种现象给出令我满意的解答。我可能先天就容易得这个毛病，因为据我所知我兄长也有过类似问题，话虽如此，同样的现象似乎很难在别人身上找到。我提出了一个推测，即这些影像是大脑在高度兴奋的状态下，反射作用于视网膜的结果。可以肯定，这绝不是因为精神疾病或心理痛苦而产生的幻觉。因为我在其他方面都很正常，情绪状态也十分稳定。为了让大家对我的痛苦能够感同身受，不妨假设一下：我亲眼见证了一场葬礼或某个同样让人焦虑不安的场面，到了夜深人静时，那些场景就会不可避免地以画面形式，活灵活现地蹿到我眼前。我想尽办法想要抹去这些画面，可它们却始终挥之不去。有时候，画面甚至在空中定格，我用手去推，却只是穿之而过。倘若我的解释正确的话，那么任何人构想的物件影像都应能被投射到屏幕上，从而让它变得直观可见。一旦达成这样的技术进步，人与人之间的关系必将发生天翻地覆的变化。我相信，假以时日，这一奇想可以且一定会成为现实。多嘴一句，我为解决这个问题花了很多心思。

为了摆脱这些幻象的折磨，我试着将注意力集中到我见过的另一些事物上。我通常可以通过这种方式获得暂时的解脱。但要达到这样的状态，我就必须不断地让新的画面在大脑中浮现。没过多久，我就发现，我能想象到的画面已近枯竭。可以这么说，我已经耗光了"胶片"，因为我所看到的不过是这个世界的冰山一角而已，包括我家里和周遭环境中的事物。当我第二次、第三次施展心力，以便捕捉到我想象中的那些幻象时，它们所起的缓解效力却逐渐减弱，几近消失。出于本能，我走出我所熟悉的那个小天地，开始四处远足并观察新的景象。最初，那些景象非常模糊难辨，当我试图将注意力聚焦在上面时，它们却又一晃而过。随后不久，我便成功将这些景象定格，它们也逐渐强化、愈发清晰，最终将真实事物的具象呈现出来。我很快发现，只要不断拓宽想象力的边界，时时刻刻获取新的印象，我就能达到最舒适的状态。所以，我开始旅行——当然是在精神世界里畅游。每晚（有时也在白天）独处时，我便开启旅程，去见识新的地方、城市和国家，在那里生活，与当地人邂逅，结朋交友。这一切虽难以置信，却是我真实的体验：他们像现实生活中的人一样亲切，而他们表露出的也是真情实感。

这成了我惯常的做法，直到快17岁时，我才开始认真对待发明。我欣喜地发现，自己在将事物形象化的能力上独树一帜，无须模型、图纸或实验，仅凭一副头脑就能将这一切逼真地想象出来。就这样，我不知不觉地被引入到通向一种新方法的发展之路，这种方法能让发明创意成真，但又与纯粹的实验方法截然不同。在我看来，它比以往任何一种方法都更加快捷和高效。每当人们造出一台装置以便将自己不成熟的想法付诸实践时，都将无法回避一个现实：该装置的细枝末节和缺陷会占用他们绝大部分的时间和精力。在继续进行改进和改造时，他们的专注力便会减弱，并且忽视重要的基本原则。尽管这种做法也可以取得成果，但往往是以牺牲质量为代价的。

我的方法别具一格。我从不急于投入实际工作，而是当创意闪现时，先凭借自己的想象构建出雏形。然后，我在脑海里对装置构造加以修改，做出改进，并使之运转。无论在脑子里让我设计的涡轮机运转，还是在车间里对其进行测试，对我而言都无关紧要。哪怕它出现失稳，我也能察觉到。装置的实际情况与我想象中的没有任何区别，结果完全一致。通过这种方法，我无须触碰任何物件也能迅速酝酿和完善一个构想，直至每一项改进都在发明中得以体现，且找不出任何瑕疵时，我才会将大脑中的成品变成实物。二十年来，我设计的装置均按预期运行，实验结果也正如我的意料，无一例外。难道不应该如此吗？工程、电气和机械的实验结果均符合预期，几乎每个实验对象都能用数学方法来解释，效果也可以推算，结果则可根据现有的理论或经验数据预先确定。虽说将不成熟的创意付诸实践是常见做法，但我认为，这是对精力、金钱和时间的浪费。

虽然我早年怪症缠身，但也以另一种方式得到补偿：持续不断地操劳练就了我的观察力，使我得以发现一条至关重要的真理。我注意到，在那些幻象出现之前，总是先有对于在特殊状况下——通常极为少见——场景的实际视觉，而我每次都迫使自己寻找初始刺激的根源。过了一段时间，这种追根究底的努力几乎成为本能，使我能够轻松自如地找出事物之间的因果关联。没多久，我就领悟到一个让我惊讶的事实：我头脑中的每一个想法背后都隐约可见一种对于外部世界的印象。无独有偶，我的所有行为的驱动方式也与此类似。随着时间的推移，我愈发意识到：我只不过是一台被赋予运动能力的自动机，对感官刺激做出反应，并据此进行思考和诉诸行动。这一认识所带来的实际成果便是遥控自动技术，尽管到目前为止，该技术的实用表现还不甚理想。然而，它所蕴含的潜力终将得到展现。多年来，我一直在进行构思，旨在设计能够自控的自动装置。我相信可以制造出这样一种机械装置，它应当具备一定限度的近似理性行为的能力，并且还将会在工商业的诸多部门中掀起一场革命。

约莫20岁时，在刻意努力之下，我第一次成功将一抹幻象从视觉中清除掉，但我却一直没法将前面提到的闪光控制住。在我的人生体验中，再也没有比这更奇怪、更令人费解的了。这种现象通常出现在我发觉自己陷入危境或困境之时，或是在我极度兴奋的时刻。在有些情况下，我仿佛看见周围的空气中充斥着烈焰喷出的火舌。闪光的强度非但未随时间的流逝而减弱，反倒有愈演愈烈之势，并且似乎在我25岁左右达到了顶峰。1883年，我在巴黎时，一家著名的法国制造商邀我去野外打猎，我欣然接受了。我长时间都只能待在工厂里，新鲜空气着实让我神清气爽，精神焕发。当晚回到城里时，我有一种强烈而又莫名的感觉，好像脑子着火了一般。我看到一道强烈的光芒，里面好像有颗小太阳在熊熊燃烧，这让我的脑袋饱受煎熬，整晚我都在用冰袋冷敷头部。
终于，闪光的频率和强度都减少了，但过了三个星期才完全消退。当有
人再次向我发出邀请时，我断然回绝了！

　　这种闪光现象仍不时出现，特别是当新的想法突然涌入我的脑海，
激发出各种可能的时候，却不再令人兴奋，强度也有所弱化。每当闭上
眼睛，我总是最先看到一片幽暗而匀称的蓝色背景，像极了没有星星的
晴朗夜空。几秒钟后，这片背景变得活跃起来，无数亮晶晶的绿色薄片
排列成好几层，不断向我逼近。随后，在右侧出现一幅漂亮的图案，由
两组平行且间距密集的线条组成，它们互成直角，颜色各异，以黄绿和
金色为主。紧接着，这些线条愈发明亮，整个背景密密麻麻地散落着闪
烁的光点。这幅画面慢慢划过我的视野，约10秒后消失在左侧，留下一
片让人压抑、沉闷寡淡的灰色，但很快它就被波浪般翻滚的云海所替
代，那一团团云朵仿佛正努力进行自我塑造，展现出具有生命的形态。
说来奇怪，在进入第二阶段前，我无法在这片灰色中投射任何形状。每
次入睡前，我眼前都会掠过一些人或物体的影像。当看到这些影像时，
我知道我即将昏昏欲睡。但如果它们没有现身，且又不肯出现，那就意
味着这晚将是不眠之夜。

　　关于想象力对我的早年人生有多大程度的影响，我可以分享另一段
奇异的经历作为佐证。正像大多数孩子一样，我喜欢飞身跳跃，进而产

生了把自己托举在空中的强烈渴望。有时候，一阵富含氧气的劲风从山上吹来，使我的身体变得如软木一般轻盈。然后，我纵身一跃，在空中久久飘浮。那是一种愉悦的快感，但当意识到这一切只是幻想后，我又会陷入深深的失望。

在那段时间里，我形成了不少奇特的好恶和习惯，其中一些我可以从外部印象中找到根源，而另一些我则无法加以解释。我对女人戴的耳环反感至极，但其他饰物，比如手镯之类，或多或少能让我赏心悦目，这取决于它们的设计款式如何。只要看到珍珠，我就会大发脾气，而水晶或棱角分明、表面平整的闪光物体却又令我着迷。我不会触碰别人的头发，除非被人用左轮手枪指着。只要看到桃子，我就会发烧，如果家里有樟脑，哪怕只有一片且无论放在哪里，都会引起我的极度不适。时至今日，对于其中一些令人烦乱的冲动之念，我还是无法淡然置之。举例来说，当我把小方片纸丢进盛满液体的盘子里时，我总能感觉到嘴里有一种奇特且难以入口的味道。我走路要计步数，用餐时要计算汤盘和咖啡杯的容积以及食物的份数，不然我就吃不好这顿饭。我所做的所有重复动作和活动都必须是三的倍数，一旦做错，内心的压力就会迫使我重新来过，哪怕要花上好几个小时。

8岁以前，我性格懦弱、优柔寡断，缺乏那份抉择所需的勇气和意志力。我的情感澎湃似浪、汹涌似潮，且不停地摇摆于两极之间。我的欲望的力量源源不竭，就像九头蛇的头，被砍掉后还会成倍增长。生与死的痛苦和源自宗教的畏惧仿佛一块巨石压在我的心头。我被迷信所左右，一直生活在对恶灵、鬼魂、食人魔和其他黑暗世界的邪恶怪物的恐惧中。然后，突然间发生了一场重大转折，它彻底改变了我的人生轨迹。在所有事物中，唯有书籍是我的最爱。我父亲有一个很大的书斋，我只要得空就去那里一解读书之渴。但父亲不允许我进他的书斋阅读，若是被他当场发现，他定会大发雷霆。当发现我偷偷看书时，他就会把蜡烛藏起来。他不想让我因此毁掉眼睛。但是，我弄来了牛油，做了烛芯，把烛柱插到锡罐形器皿里。每晚，我都用灌木将锁眼和裂缝挡住，然后捧书阅读。我常常秉烛夜读到天亮，此时别人还在睡觉，我母亲则开始了新一天的辛苦劳作。一次，我读到一本名为《阿巴菲》（阿巴之子）的书，此书是匈牙利著名作家约西卡的塞尔维亚语译本。不知怎么的，这部著作唤醒了我蛰伏的意志力，我开始练习自我控制。起初，我的决心来得快去得快，宛如四月的飘雪，但过了没多久，我成功克服了自身的弱点，并因此感到从未有过的快乐——可以按自己的意志行事。久而久之，这种强有力的精神锻炼就成了我的第二天性。起初，我的欲望必须受到压制，但渐渐地，欲望和意志趋于一致。经过多年这样的磨炼，我已经完全能掌控自己，即使是面对那些足以毁掉某些意志力最坚强的人的嗜好，我也能够保持淡然的心态。到了一定年龄后，我狂热地迷上了赌博，这让我的父母非常担心。对于我而言，坐下来打一圈牌就是纯粹的消遣。我父亲的一生堪称楷模，他无法原谅我这种虚耗时光、挥霍金钱的做派。虽然我有坚如磐石的决心，但在人生哲学方面我却是不合格的。我会应付他说："只要我愿意，我随时都可以金盆洗手，但让我放弃我愿用进入天堂的快乐换来的东西，这样做值得吗？"他几次三番对我发泄怒气和表达蔑视，但我母亲则有所不同。她对男人的秉性一清二楚，知道一个人必须通过自身努力才能实现自我救赎。我记得有一天下午，我输光了身上所有的钱，正想再玩一把时，她拿着一卷钞票走到我跟前说："尽情玩吧。你越早输光我们所有的家当越好，我知道你会迈过这道坎的。"她是对的。当时我就克服了心魔，只可惜未能达到更为强烈百倍的境地。我不仅战胜了这种欲望，还将它从心里连根拔除，甚至不留丝毫痕迹。从那以后，任何形式的赌博在我看来都像剔牙一般了然无趣。

还有一段时间，我抽烟抽得很凶，甚至威胁到健康。后来，凭借着意志力，我不仅戒了烟，还戒除了所有不良癖好。很早以前，我的心脏出了毛病，直到后来我才明白咖啡看似无害，但每天早上喝一杯咖啡的习惯却害了我。我立即戒掉了这一习惯，我必须得承认做到这点并非易事。照此这般，我将其他习惯和嗜好置于管控和约束之下，从而保全了自己的性命，不仅如此，我还从被多数人视为自甘清贫和自我牺牲的境界中获得了巨大满足。

在格拉茨理工大学和布拉格大学完成学业后，我的精神一度完全失常，患病期间，我观察到很多奇特怪异、不可思议的现象。

第二章

初尝发明滋味

　　我要对我这些不同寻常的经历做一番简单回顾，这既是因为心理学和生理学专业的学生可能对此感兴趣，也是由于这段痛苦的时期对我的心智发展和日后的工作产生了极其重要的影响。但首先，我有必要讲述一下我此前的境况和状态，或许可以从中找到一些原因，从而在一定程度上对我后来的经历作出解释。

　　我从小就被迫学会了自我关注，我人生中的很多痛苦便源自此，但现在看来，这未尝不是因祸得福。因为我从中领悟到，内省对于生命的维系具有不可估量的重要意义，同时也是通往成就的一种途径。无论是职业带来的沉重压力，还是外界通过知识传播不断涌入大众意识的纷繁印象，都使得现代人置身于危机四伏的生存状态中。绝大多数人都过度沉浸于对外部世界的探究和思考，却完全忽视了自己的内心世界正发生着什么。

数以百万计的人过早死亡，究其主要原因就在于此。即使那些行事谨小慎微的人，也常常犯这样的错误，即一方面避免异想天开，另一方面却忽视真实存在的危险。这个道理，在个人乃至整个民族都普遍存在。禁酒运动就是一个很好的例子。如今，美国正实行一项严厉的措施（就算没有违反宪法），旨在阻止人们的饮酒行为。但一个不争的事实是，即使少不更事的人也可以随心所欲地喝咖啡、饮茶、吸烟、嚼口香糖，以及食用其他有兴奋作用的东西。从那些屈服于这些放纵方式诱惑的人数来看，它们对国民体质的危害远超饮酒所带来的影响。举个例子，在我的学生时代，我从公布的维也纳市（咖啡爱好者之乡）的死者名册中了解到，心脏病致死人数占总死亡人数的比例有时达到67%。而在人们过量饮茶的城市，也可能有类似的观察结果。咖啡和茶固然好喝，却会使精细的脑神经纤维过度兴奋并逐渐透支衰竭，甚至还会严重影响动脉血液循环。这种有害作用来得十分缓慢且难以察觉，所以要尽量少喝一些。虽说烟草有助于人们在思考时获得松弛感和愉悦感，但同时会降低大脑的紧张度和专注度，而这两者又是从事所有创造性和需要充沛精力的智力劳动所必备的。至于嚼口香糖，尽管可以作用一时，但很快就会导致唾液腺水分流失，甚至造成无法挽回的腺体损害，更不用说它还会让人产生恶心想吐的不适感。少量酒类饮品具有很好的提神醒脑的功效，但如果大量吸收酒精则适得其反，不管威士忌下肚，还是糖分在肠胃分解，最终都会对身体造成毒害，损害健康。但有一点不容忽视：所有这些放纵方式都符合"适者生存"这一严苛而公正的法则，因而在客观上起到了帮助大自然优胜劣汰的效果。那些渴望变革的人应当记住，人类叛逆不羁的本性亘古不变，相较于强硬的管束约制，以"自由放任"的态度淡然置之更加可取。

事实上，在当前的生活条件下，我们既需要借助"兴奋剂"来保持最佳的工作状态，又必须锻炼自我克制的能力，控制好自己的食欲和各方面的癖好。多年来，我正是通过这样的努力保持身心年轻。克己节欲并不总是合我的胃口，但现在拥有的人生阅历让我感到心满意足，也为我带来了丰厚的回报。我想追述一两件事，并以此为例，希望一些人能接受我的劝诫和让我深信不疑的观点。

不久前，在一个寒冷的夜晚，我正走在回酒店的路上，地面又湿又滑，周围也找不到出租车。我身后半个街区开外跟着一个路人，显然他和我一样心急火燎地往住的地方赶。突然间，我双脚离地，整个人腾空而起。与此同时，有一道闪光掠过我的脑际，我的神经迅速做出反应，身上的肌肉随即收紧。我的身体在半空旋转了180度，落地时双手着地。我继续赶路，好像什么事都没发生一样。就在这时，那个路人追了上来，一脸狐疑地打量着我，接着又问道："您多大岁数了？""哦，差不多59了。"我回答说，"怎么了？""哎哟！"他惊叹道，"我只见过猫做这样的动作，而人这么做我还是头一回见到。"大约一个月后，我想配一副新眼镜，便去看眼科医生，并让他给我做了常规视力检查。当时，我隔着很远的距离轻轻松松就读出了最小的字符，这让医生难以置信，带着怀疑的目光盯着我。当我告诉他我已年过六旬时，他更是惊讶得倒抽了一口气。我的朋友们常常评价我的西装非常合身得体，他们不知道的是，我所有的衣服都是按35年前量过的尺寸剪裁制作的，而且从未有过变化。我同一时期的体重没有增加或减轻一磅。

　　关于我的体重，还有一个有趣的故事。1885年冬天的一个傍晚，爱迪生先生、爱迪生照明公司总裁爱德华·H.约翰逊、工厂厂长巴切勒先生和我一起来到第五大道65号对面的一个小地方，这是公司办事处的所在地。有人提议大家互相猜体重，在别人的劝说下，我站到体重秤上。爱迪生对我全身上下触摸了一番，说道："特斯拉的体重是152磅，误差不超过1盎司。"他猜得准极了。除去衣服，我净重142磅，这个体重一直没有变化。我小声地问约翰逊先生："这怎么可能？爱迪生猜的数为什么会这么接近我的真实体重？""呃，"他压低声音答道，"我可以私下告诉你，但你不能告诉别人。他曾经是芝加哥一家屠宰场的长期雇工，在那里他每天都要给上千头肉猪称重！这就是原因。"我的朋友昌西·M.迪皮尤①阁下奚落过一个英国人，他冷不丁地给对方讲了一个他最先知道的趣闻轶事，可是对方却听得一脸迷惑，直到一年后才恍然大悟，不禁哑然失笑。我必须坦承，我花了更长时间才领悟到约翰逊那个笑话的深意。

我现在身体硬朗、精神矍铄，这正是坚持严谨细致、自律有度的生活方式的结果。或许你们难以想象，我年轻时曾三度患病，被病痛折磨得不成样子，甚至医生已经不抱希望放弃治疗了。不仅如此，由于无知和轻率，我陷入了各种各样的困境、危险和麻烦之中，但最终都成功脱身，仿佛在冥冥之中有神力相助。我有好几次几乎溺水而死；我还差点被开水活活烫死；我在大火中与死神擦肩而过。我曾被葬入坟墓，迷路走失，身体被冻僵。我遭遇过疯狗、野猪和其他野生动物，但都侥幸逃脱。我得过可怕的疾病，遇到过各种诡异的天灾人祸，好在时至今日，我还老当益壮，这简直就是奇迹。现在回想起来，这些往事仍历历在目，我深信自己能够幸存至今，并非完全出于偶然。

发明家的工作，究其本质就是想方设法拯救生命。驾驭自然之力、改良设备也好，为人们的生活创造更多舒适和便利也罢，发明家都是在致力提升我们的生存安全。与普通人相比，发明家更善于自我保护，化

① 昌西·M.迪皮尤（1834-1928）：美国律师和政治家。

险为夷，因为他们拥有敏锐的观察力和超常的应变力。我在这方面算是有几分天资，即便抛开其他证据不谈，这一点，也可以从我的个人经历中找到佐证。我可以提一两个例子，读者不妨自行判断。其中一例发生在我大约14岁那年。有一次，我想吓唬跟我一起在水中玩耍的朋友。我打算潜水游到一座长期悬于水面上的建筑物下面，然后悄悄溜到它的另一边。对于我来说，潜水和游泳根本不在话下，就像鸭子戏水一样，所以我对完成这一"壮举"有十足的把握。于是，我一头扎进水里，等朋友看不见我后，便转身迅速向对面的一侧游去。当我觉得已经安全游过建筑物的另一边时，我便浮出水面，但我撞到了一根房梁上。我当然又立即潜入水中，并快速划水奋力向前游去，直到我开始有憋不住气的感觉。当我第二次浮出水面时，我的脑袋又碰到一根房梁上。顿时，绝望感笼罩在我心头。但我还是鼓足了力气，拼命做了第三次尝试，可结果还是一样。水下屏气的痛苦愈发让我难以忍受，我头晕目眩，感觉自己正在下沉。就在我似乎落入毫无希望的绝境的那一刻，我感到一道闪光划过，那座建筑出现在我的视野里，就在我头顶上方。不知是依稀看到还是猜到，反正我确定，在水面和架在房梁上的木板之间有一点点空隙，而就在几乎丧失意识的情况下，我浮了上来，把嘴凑近木板，努力吸了一点空气。不幸的是，我吸入的空气夹杂着一些水沫，差点让我呛到。当时就像现实与梦境交织在一起，我多次重复了这一连串动作，直到那颗狂跳不已的心平静下来，我才得以恢复镇定。之后，我又进行了多次下潜，但都因为完全失去方向感而没有成功。幸而最终，我成功逃离了险境，而我的朋友都认为我已遭遇不测，正四处搜寻我的尸体。

那个泳季因为我的轻率鲁莽而彻底"泡汤"，可没过多久，我便好了伤疤忘了疼。仅仅两年后，我就陷入了更为糟糕的困境。当时，我求学的城市附近有一条河，河对岸建有一座大型磨面厂和一道堤坝。河水水面高度通常只比堤坝高两三英寸，所以游过去并不算危险，而我常常游到对岸，并对这种锻炼方式乐此不疲。有一天，我像往常一样独自去河里畅游。当游到距离那座石头堤坝不远的位置时，我惊恐地发现河水已经上涨，正裹挟着我急遽地奔流向前。我试图脱身，却为时已晚。好在我两只手抓住了坝墙，才没被急流卷走。由于胸口顶着很大压力，我只能勉强把头露出水面。眼前一个人影都没有，我的呼救声也被落差处水流的咆哮声淹没。我的体力慢慢流失，渐渐不支，哪怕再多一分钟也无法坚持。就在我要放手任由水流把我冲向下方岩石的时候，我看到一道闪光，其中呈现出一张熟悉的解释水力学原理的图示：运动中流体的压力与受力面积的大小成正比。我下意识地向左侧转身，结果就像变戏法一样，压力一下子减轻了，我还发现保持侧身可以相对轻松地抗住水流的力道。但我面前的危险仍未消除。我知道就算我引起别人的注意，也不可能及时得到救援，最终还是难逃被水卷走的厄运。现在我可以左右开弓，但当时我还是个左撇子，所以右臂力量相对较弱。因此，我不敢把身体转向另一侧以便休息左手，除了沿着堤坝慢慢推动身体外，我什么都做不了。我把脸转向磨面厂，那里水的流速快得多，水也深得多，所以我只能离得越远越好。这段漫长痛苦的煎熬自不必说，当我终于接近堤坝的尽头时，却又遭遇了一处凹陷。那一刻，我几乎要功亏一篑。我用尽了最后一丝气力才克服这道阻碍，刚一抵达岸边就失去了知觉，直到后来才被人发现并救起。我的左半边身体体无完肤，而且我高烧不退，过了几个星期才逐渐恢复，最终得以好转。以上只是诸多实例中的两例，但它们足以说明一个事实：若不是因为具有发明家的本能，我可能就不会活到现在，亲口给大家讲述这些故事了。

对我感兴趣的人总是问我，我是从何时及如何开始搞发明的。我只能基于我现有的记忆来回答这个问题，而记忆中我的首次发明尝试是相当富有雄心的——它不仅仅是一个装置的发明，更蕴含了一种新方法的诞生。事情的原委是这样的：当时，我的一个玩伴拥有了属于自己的一套鱼钩和渔具，这在村子里引起了一阵不小的轰动。第二天一早，大家都出发去捉青蛙了。因为我和这个男孩有过争执，所以我被大伙撇下，成了孤家寡人。对于不能参加这场活动，我感到无比失望；同时，我从未见过鱼钩真实的样子，所以只能把它想象成一种具有特殊质地的神奇之物。不得已，我想办法弄到了一根软铁丝，用两块石头夹着铁丝捶打，使其一端呈尖角状，再将其弯折成钩形，并绑在一根结实的绳子上。随后，我又砍了一根杆子，搜罗了一些诱饵，便来到溪边聚集着大量青蛙的地方。起初，我连一只青蛙都没抓住，心情几乎跌入谷底。这时，我突然想到，可以将空鱼钩悬在一只坐在树桩上的青蛙的前方。一开始，它表现得萎靡不振，渐渐地，它的眼睛鼓了起来，并且开始充血；它的身体膨胀至正常大小的两倍，随即狠狠地咬住了鱼钩。

我立刻就将它拉了上来。我试了一次又一次，结果证明这个方法百试不爽。而我的那些玩伴，尽管他们拥有精良的渔具，走到我跟前时却两手空空，一无所获，个个嫉妒得眼红。在很长一段时间里，我一直保守着这个秘密，独享其中的乐趣，直到圣诞节才分享给大家。之后，所有男孩子都仿效这个方法，导致来年夏天青蛙遭受了"灭顶之灾"。

在接下来的这次尝试中，我是凭借本能的原始冲动去行动的，而这种原始冲动后来成为支配我发明活动的内在动力，即利用大自然的能量为人类服务。此次，我用到的工具是五月金龟子——美国人称之为六月金龟子。在美国，这种虫子是名副其实的害虫，有时它们仅凭体重便能压断树枝，灌木丛也被它们染成漆黑一片。我最多将四只金龟子绑在一个十字架上，再置于一根细轴上使其能像风车一样旋转，并将金龟子的同样动作都传递到一个大圆盘上，从而形成较大的合力。这些虫子"干活儿"很是卖力，它们一旦启动就没有停下来的意思，而且能连续旋转几个小时。天气越热，它们干得就越卖力。原本一切都很顺利，直到一个陌生男孩来到这里。他是奥地利军队一名退役军官的儿子。这个男孩竟然生吃金龟子，把它们当成最好的蓝点牡蛎享用。这令人作呕的一幕使我的发明尝试戛然而止，也让我失去对这一领域的憧憬。从那以后，我再也没碰过一只五月金龟子或其他任何昆虫。

我想就是在那之后，我开始了新的尝试——拆装祖父的钟表。拆解钟表对我来说不成问题，但在将其重新组装起来时，我却屡屡失败。终于有一天，祖父实在忍无可忍，气急败坏之下，他中止了我的"工作"。等我再次鼓捣起又一只发条钟时，已经是30年后的事了。不久之后，我又投入到玩具气枪的制作，这种枪由一根空心管、一个活塞和两个大麻纤维制的气塞组成。打枪时，要将活塞顶在肚子上，两只手将空心管迅速后推。当两个气塞之间的空气被压缩、温度升高，其中一个气塞就会从空心管喷射出去，同时发出巨大的爆响。其中的诀窍就在于，挑选一根锥度合适的中空茎秆做空心管。这把气枪我用起来十分顺手，但玩枪却让我家的窗户玻璃遭了殃，我因此没少吃苦头，最终还是被大人加以阻止。

如果我没记错的话，后来我又喜欢上了木剑，雕刻木剑可以方便地取材——用家具上的木头就是了。那时的我受到塞尔维亚民族诗歌的影响，对于英雄们的丰功伟绩充满了钦佩之情。我还曾把玉米秆想象成

"敌人"，用了几个小时将它们成片"砍杀"，就这样毁了不少庄稼，结果，我被母亲打了好几次屁股。这些惩罚可不是简单的吓唬，而是真真切切的教训。

这些经历及更多陈年旧事都发生在我6岁之前，此时我已在我的出生地斯米良村上了一年初小。在这个当口，我们举家搬到了附近的一座小城戈斯皮奇。这次搬家对我来说简直就是一场灾难。让我心碎的是，我不得不离开我们的鸽子、鸡和羊，还有那群美丽高贵的鹅。鹅群每天清晨都会直飞云霄，日落时又会组成编队从觅食地点飞回来。它们的队形如此严整，足以让当今最优秀的一批飞行员为之汗颜。在新家里，我不过就是一个囚徒，只能透过百叶窗观察外面的陌生人。我太过腼腆，宁愿与一只吼狮面对面，也不愿同一个在周围闲逛的城里人打照面。最艰难的考验发生在一个周日，那天我不得不穿上盛装去教堂参加礼拜。在那里，我遭遇了一场意外，即使时隔多年，每当忆及此事，还是会让我血液凝固，仿佛变质牛奶一般。这是我第二次教堂冒险经历。

不久前，我被独自留在一座古老教堂的坟墓里度过一夜，那座教堂位于一座人迹罕至的山上，每年只供人参拜一次。那次经历让我后怕，但与这次相比只能算是小巫见大巫。镇上有位富有的女士，她为人善良但喜爱炫耀，去教堂做礼拜时经常浓妆艳抹，拖着一袭长长的裙裾，身后还跟着一群仆人。一个周日，我刚刚敲完钟塔上的大钟，急急忙忙地下楼时，刚好赶上这位富婆正昂着头往外走，而我一不小心一脚踩在了她的裙裾上。只听"刺啦"一声，裙裾被扯断了，那声响就像是新兵蛋子用火枪打了一轮齐射。我父亲顿时气得脸色铁青，在我脸上轻轻打了一巴掌，这是他对我实施的唯一一次体罚，尽管下手不重，但被打的感觉至今让我心有余悸。接下来的尴尬和混乱场面无法用语言形容。事后，我实际上遭到了周围所有人的排斥，直到发生了另一件事，我才挽回了在众人心目中的形象。

一位富有商业头脑的年轻商人组建了一支消防队。他们购买了一辆崭新的消防车，配备了专门的制服，消防人员接受了实操训练和检阅演练。那辆消防车其实是一台抽水泵，漆成红黑色的外观显得很漂亮，需要16个人操作。一天下午，正式的测试工作准备就绪，消防车被运到河边。当地居民纷纷到场，只为目睹这一壮观的场面。演讲完毕、仪式活动结束后，当开启水泵的命令下达，却未见丝毫水迹自喷嘴涌出。在场的教授和专家试图找出故障所在，却一筹莫展。等我来到现场时，人们已经彻底束手无策了。尽管我当时对机械装置一窍不通，对于气压也几乎一无所知，但凭着直觉，我将手伸进水中摸索着寻找吸水软管，发现其已缩瘪。我蹚进河里，将软管撑开，水流便一股脑喷涌而出，将不少人身上穿的节日盛装冲了个七零八落。想当年，阿基米德光着身子奔跑在锡拉丘兹的街头时曾扯着嗓子喊道："我发现了"。要说给人们所留下的深刻印象，我与阿基米德相比也不遑多让吧。那天，人们就像对待英雄一样将我扛在肩膀上。

　　定居此城后，我在一所所谓的正规小学学习了四年的预备课程，以便日后能够进入职业技术学院或实科中学。在此期间，我的那股顽皮劲儿依旧未改，还是那样爱逞能、捅娄子。其中值得一提的是，我在当地得了一个绝无仅有的特殊名号——"乌鸦冠军捕手"。我的这一套捕捉乌鸦的方法其实再简单不过：进入森林后，隐藏在灌木丛中，接着模仿鸟叫声就行了。一般情况下，我总会先听到几声回应，不久就会有一只乌鸦扑动着翅膀飞到我附近的灌木丛里。然后，我所要做的就是扔一块硬纸板分散它的注意力，趁它还未从灌丛中挣脱出来之前，扑过去将它抓住。就这样，我想抓多少就可以抓多少。但有一次，发生了一件事，使得我对它们肃然起敬。当时，我抓到了一对很漂亮的鸟儿，正和一个朋友一起走在回家的路上。就在我们离开森林的时候，成千上万只乌鸦聚集在一起，发出可怕的聒噪声。仅仅几分钟的工夫，它们就追了上来，并且很快将我们团团围住。起初，我们还觉得很好玩，直到我的后脑勺突然被重重一击，随即不支倒地。接着，它们对我发动了凶狠的攻击。我不得已放了那两只鸟，让我感到宽慰的是，我找到了朋友躲藏的山洞，得以与朋友会合。

　　我学校的教室里有几个机械模型，它们引起了我的兴趣，也让我的注意力转移到水轮机上。我制作了很多这样的模型，并且在操作它们的过程中收获了很大乐趣。有件事可以说明，我的人生有多么非同寻常。我叔叔对我的这种消遣很不以为然，他不止一次地训斥过我。我仔细阅读有关尼亚加拉瀑布的文字描述，且为之着迷。我在自己的想象中构建出这样一幅画面：一个巨大无比的转轮就在瀑布旁边运行。我对叔叔说，我要去美国将这一梦想变为现实。30年后，我在尼亚加拉瀑布亲眼见证了梦想成真的一刻，这让我不由得惊叹于人的心灵之力是如此神秘莫测。

我还搞出了其他一些形形色色的精巧机械和奇特装置，其中首屈一指的是我制造的劲弩。只要箭从我的劲弩中发射出去，它都会消失不见，并且可以在近处穿透一英寸厚的松木板。由于要不断地用腹部抵住弓弩拉紧弓弦，我的腹部皮肤变得像鳄鱼皮一样粗糙。我时常在想，我之所以至今都能消化硬似鹅卵石的食物，是不是因为用这种弓弩练习射箭的缘故！我还必须提一句，我玩这把劲弩已经到了炉火纯青的程度，完全可以凭此技艺在马戏场献上一场技惊四座的精彩表演。我用这个古老的战争工具取得了一些"战绩"，这里不妨略举一例，希望读者们不会认为这是天方夜谭。当时，我正和叔叔一起在河边走着，我边走边练习射箭。正值夕阳西下，鳟鱼在水中嬉戏，不时有一条鱼儿跃出水面，闪闪发光的身体在远处突出的岩石的映衬下格外显眼。当然，有了天时地利的条件，任何想射中鱼的男孩都可以轻松得手。但我却迎难而上，主动向一个难度大得多的任务发起挑战。我把我打算做什么事无巨细地告诉了我叔叔。我要射出一块石头击中那条鱼，让它的身体狠狠撞在岩石上，最终断成两截。说时迟那时快，我真的说到做到了。我叔叔一脸错愕地看着我，吓得几乎灵魂出窍，惊呼道："快滚开，你这个魔鬼！"此后几天，他都没跟我说一句话。至于其他个人事迹的记载，无论有多精彩宏大，与此例相比都黯然失色。仅凭这些成绩，就够我在功劳簿上安然地躺一千年了。

第三章

全力探索未知:

发现旋转磁场

10岁时，我进入一所新建的实科中学，这里的设施配备非常齐全。学校物理组配有各种传统的科学仪器，既有电学方面的，也有机械方面的。老师时不时会做演示和实验——这些都让我非常着迷，并且大大激发了我发明创造的欲望。我也很热爱数学，老师常常表扬我的速算本领。这要归功于我将数字符号具象化和进行数字运算的能力，这种才能是后天习得的，就像在日常生活中做算术一样，而非我通常借助的直觉方式。对于有一定难度的计算，无论将数字符号写在黑板上，还是呈现在精神视觉中，对我来说都没有任何区别。但学习徒手画图占用了太多课时，让我怒火难耐。这一点很不同寻常，因为我家族的大部分成员都擅长徒手画图。也许，我之所以讨厌这门课，是因为我思考时不喜欢被人干扰。若非有几个同学无心向学，我这门课的成绩很可能会垫底。在当时的教育制度下，徒手画图是一项必备技能，所以这就成了一个很大的"绊脚石"。这个短板甚至危及我的整个职业生涯，而为了我的前程，父亲不惜大费周章地迫使我从一个班级转到另一个班级。

在学校的第二年，我开始痴迷于一个想法，即以稳定的气压为动力，实现物体的连续运动。我在前面提到的那次"抽水泵事件"，不仅点燃了我天马行空的想象，也让我对真空所蕴含的无限潜能形成了深刻的印象。我迫不及待地想要驾驭这种取之不尽用之不竭的能量，但在很长一段时间里，我都只是在黑暗中不断摸索。最后，我的想法总算得以具体化——一项使我能有所成就而让其他人难以企及的发明。

设想一下，给一个圆筒装上两个轴承，使其可以自如地旋转，并且它的一部分被包裹在一个矩形槽中，两者吻合得恰到好处。用一块隔板将矩形槽的开口侧封闭，这样矩形槽壳内的圆柱体部分就将前者分为两个隔间，再用具有气密性的滑动接合机构将它们彼此完全隔开。其中一个隔间在密封后被一次性抽出气体形成真空，而另一个隔间则保持开放状态，如此一来，圆筒就可以永远不停地转动——至少我是这么认为的。基于这种设想，我制作了一个木质模型，把它小心翼翼地组装好，当我用气泵给一侧抽气时，确实看到圆筒有点转动的意思，这让我欣喜若狂。利用机械原理飞上蓝天是我的一个夙愿，我曾撑着伞从教学楼楼顶跳下，结果摔得很惨，至今回想起此事，挫败感还会袭上心头。过去，我天天都想象从空中把自己送到遥远的地方，但我不知道如何才能做到。现在，我已经有了一个具体的设想——一架飞行器，只要有一根转轴、扑翼及能提供无限动力的真空发动机就足以了！设想一旦实现，我以后就可以像所罗门国王①一样，天天乘坐这样一款舒适豪华的交通工具在空中遨游了。然而，多年之后，我才搞明白，大气压力是垂直作用于圆筒表面的，而我观察到的轻微的旋转作用力其实是漏气造成的。虽然这一认知是逐渐形成的，但它对我的打击无异于当头棒喝。

我在实科中学念书时生了场重病——应该说是身染多种恶疾，差点没有完成学业。当时我已经病入膏肓，甚至医生都放弃治疗了。在患病期间，我获准可以在书海中自由地畅游，便从公共图书馆借阅书籍。那时的公共图书馆门庭冷落，他们便委托我对藏书分门别类、编制目录。有一天，我拿到几本新文学的著作，它们不同于我以往读过的任何作品。我读得如痴如醉，全然忘记了我还命悬一线这回事。这些书都是马克·吐温的早期作品，我后来之所以奇迹般地康复痊愈，也许要拜这些

———————————

① 所罗门国王：古代以色列王国第三任国王，传说中他懂鸟语，可以控制风，并能骑着一条神奇飞毯前往世界任何地方。

书的恩赐。25年后，我见到了克莱门斯先生①本人，并与他结为挚友。当我对他讲起这段经历时，我惊讶地发现这位伟大的幽默大师竟感动得泪流满面。

　　我在克罗地亚卡尔施塔特的高级实科中学继续学业，那里恰好是我一位婶婶的居所。我的这位婶婶可以称得上是一位女杰，她的上校丈夫是个身经百战的老军人。对于那三年的寄居生活，我至今记忆犹新。那里的清规戒律，甚至超越了战争时期的兵营纪律。她喂养我就像喂养一只金丝雀。虽然一日三餐品质极佳、精致可口，但分量少得可怜，只及我饭量的十分之一。婶婶切下的火腿片薄如绵纸。每当上校往我的盘子里盛较丰盛的食物时，她就会抓过盘子，神情激动地对他说："注意点，尼可吃得很清淡。"其实，我的胃口大得像头狮子，这种吃不饱饭的痛苦有如坦塔罗斯②的苦恼一般。但我身边的氛围却高雅脱俗且充满了艺术气息，这在那个时代和那样的条件下是难以寻觅的体验。当地地势低洼，沼泽遍布，尽管我服用了大量奎宁，却一直无法摆脱疟疾的纠

---

① 克莱门斯先生：塞缪尔·朗赫恩·克莱门斯（1835—1910），是美国作家马克·吐温的本名。

② 坦塔罗斯：古希腊神话中主神宙斯之子，起初甚得众神的宠爱，并获得极大殊荣，坦塔罗斯因此变得骄傲自大，侮辱众神，为此被打入地狱，永远承受痛苦的折磨。"坦塔罗斯的苦恼"喻指能看到目标却永远达不到目标的痛苦。

缠。有时候，赶上河水上涨，成群结队的老鼠便会窜入民宅，它们啃噬一切，甚至连一捆捆辛辣的红辣椒都不放过。对我来说，这些害畜倒是给了我一个不错的自娱自乐的机会。我尝试了各种灭鼠办法，由于成效显著，我在当地人中赢得了一个略带尴尬的称号——"捕鼠人"。最终，我还是完成了学业。难熬的日子终于过去，我在拿到标志着成年的毕业证的同时也来到了人生的十字路口。

这些年来，我父母始终坚定不移地希望我能成为一名神职人员。然而，一想到要当牧师，我的内心就充满恐惧。我的物理老师是一个有很多奇思妙想且动手能力极强的人，经常用自己发明制作的实验仪器演示物理学原理。在他的激励和影响下，我对电学产生了浓厚的兴趣。我还记得其中有台仪器，形似一只灯泡，可以自由旋转，它外面包着锡箔纸，当连接到一台静电起电机上时，便会快速地转动。在目睹他展示这些神秘现象后，我内心的那份强烈感受简直无以言表。这些实验给我留下的所有印象，都会在我脑海里千百次地重现。我很想对这背后的神奇力量进行深入了解，也渴望亲手做实验和开展研究，但最终，我还是听从了父母的安排，心情沉重地接受了无可回避的现实。

就在我准备踏上漫长的归乡旅程时，我收到父亲托人带给我的口信，说他想让我参加一趟狩猎之旅。这是一个让人匪夷所思的提议，毕竟他一直都极力反对这种运动。因此，我不顾父母的反对，找了个机会回到戈斯皮奇。尽管当地每隔15到20年就会爆发一次霍乱，但人们对瘟疫的形成原因知之甚少，甚至荒谬地认为刺鼻的气味和烟雾中充斥着致命的病原体，这些病原体通过空气四处传播。与此同时，他们还在饮用被污染的水，导致大批人感染了霍乱，死相枕藉。我在刚到家那天就染上了这种可怕的疾病，虽然侥幸逃过一劫，却足足卧床9个月，而且身体几乎动弹不得。这场病让我精疲力竭、元气大伤，也是我第二次走过鬼门关。有一度，我的病情急转直下，被认为到了病危的地步。父亲冲进房间，尽管他故作镇静，我还是看到他的脸色十分苍白。他试图用一种充满激励的腔调给我加油打气。"兴许，"我这样说道，"要是您让我学工程的话，我就可以好起来。""你一定会进入全世界最好的理工学院读书的。"他郑重答复。我知道他这话是认真的，心头便如释重负。幸而这天没有来得太迟，这要归功于一味用奇特的豆子煎熬而成的苦口良药，没有它，我的病就不可能被神奇地治愈。我就像拉撒路一样起死回生了，这让所有人都大吃一惊。

　　父亲建议我用一年时间去户外进行体育锻炼，并说这有益于健康。尽管我内心有所抗拒，但在他的坚持下，我还是同意了。在此期间的大部分时间里，我都是一身猎人的装备，带着一捆书游走于群山之间。这段与大自然亲密接触的经历，既强壮了我的体魄，也淬炼了我的意志。我边思考，边计划，尽管产生了不少构想，但其中大多数都过于虚幻缥缈。我的设想已足够清晰，只可惜我所掌握的原理知识十分有限。我的其中一个发明方案是信件和包裹的跨海传送，具体方法就是将信件和包裹放在一个足够坚固、能抗水压的球形容器内，通过一根海底管道运送至大洋彼岸。我经过精确计算，设计出了专门的泵送装置，用于给水流施加压力，迫使其穿越管道，并对其他所有细枝末节都做了精心筹算。只有一个看似无关紧要、微不足道的细节被轻易地忽略了。我假定了一个任意水流速度，并且想当然将其设定为高值，这样根据缜密的计算结果，就能让这套装置发挥出惊人的效能。但接下来，经过一番思考后，我发现由于管道对水流形成的阻力，这个设想注定无法实现，于是我决定将这项发明公之于众。

我的另一个方案是围绕赤道构建一个"轨道环"，当然它可以自由漂浮，并且能够借助反作用力使其在旋转运动中停下来，从而实现人们以大约一千英里的时速旅行的梦想，而这在铁路上则完全无法实现。读者们可能会付之一笑。我得承认，这个方案实施起来的确难如登天，但至少它还不像一位纽约知名教授提出的方案那样经不起推敲。该教授的想法是将空气从热带抽到温带地区，但他全然忘记了一个事实，即上帝已经赐予人类一台巨大的"气泵"，其功用就在于促成大气循环。

我还有一个更具意义，也更加有吸引力的方案，即从地球的旋转动能中获取力量。我发现，由于地球的自转运动，地球表面的物体会产生相同位移，其平移的方向时正时反，从而引起巨大的动量变化。人们有可能想出最简单易行的办法，对其加以利用，作为动力供应给世界上所有可居住地区。后来我才意识到自己陷入了与阿基米德一样的窘境——他想在茫茫宇宙中找一个支点，但这只能是枉然而已。我对此失望至极，那种心情无以言表。

假期结束后，我被送入位于奥地利施蒂利亚州的格拉茨理工大学。父亲为我挑选的这座学校是奥地利历史最悠久、最具盛名的大学之一。那是我翘首以盼的时刻。在家人的鼎力资助下，我开始了学习生活，并下决心一定要勤奋努力，学有所成。我之前的受教育水平高于一般人，这要感谢我父亲教导有方，并给我提供机会。我掌握了好几门语言，也曾在几座图书馆里认真读书，从中汲取了一些有用的知识。我第一次可以按照自己的意愿选择学科，同时也摆脱了徒手绘画带来的烦扰。

我决心要给我父母一个惊喜。在第一学年，我焚膏继晷、兀兀穷年，常常从清晨3点学习到半夜11点，就连周日和节假日也不例外。由于大多数同学都抱着漫不经心、得过且过的学习态度，因此我的各科成绩令其他人都望尘莫及。就在那个学年，我通过了9门考试，那些教授甚至认为他们所能给予的最高学分已经配不上我的成绩。我带着他们给我的表彰证书回家短休，本想着这将是一次凯旋的经历，但父亲对我这些得来不易的荣誉却不屑一顾，这让我的自尊心很受伤害，我的雄心抱负几乎因此而断送。在父亲去世后，我发现了一摞当年的教授写给父亲的信件，信的大意是，若不让我离校回家，我可能会过劳而死。在明白了父亲的良苦用心后，我真是痛彻心扉。

在那之后，我把精力主要放在研究物理学、机械学和数学上，把闲暇时间用来泡图书馆。我有着一种近乎偏执的癖好，凡事必须有始有终，为此我没少让自己陷入困境。我曾经拜读过伏尔泰的著作，在开始阅读后我才惊异地发现，著作竟有近一百卷之多，而且书中的印刷字体小如蝇头。在写这些书时，这位文坛怪杰每天竟然要喝将近72杯咖啡。即便如此，我仍硬着头皮把它们读完，当读完最后一本时，我不禁掩卷而叹："再也不用读了！"

凭借第一学年的优异表现，我赢得了好几位教授的赏识和友谊。他们中有教算术和几何的罗格纳教授、担任理论和实验物理系主任的珀施尔教授及教积分学和擅长微分方程的阿勒博士。这位阿勒博士既是科学家，也是我遇到过的最优秀的讲师。他十分关心我的进步，我们常常在讲堂一待就是一两个小时，他给我出题让我解决，而我也乐在其中。我向他详尽阐述我构想的一台飞行器，这一项发明并非不切实际，而是基于严谨的科学原理。借助我设计的涡轮机，这种飞行器已经可以实现，并且很快就将问世。罗格纳教授和珀施尔教授都有些古怪。罗格纳教授的表达方式非常特别，每当他施展表现力时都会引起一阵骚动，随后又会陷入一次令人尴尬的长时间的停顿。珀施尔教授是一个做事很有条理性、求真务实的德国人。虽然他的手脚很大，如熊掌一般，但他做实验时却游刃有余，仿佛钟表走时一样分毫不差。

在第二个学年，我们收到了一台寄自巴黎的格拉姆发电机，它配有形状似马蹄的层叠磁铁和一个带有换向器的线绕电枢。在将发电机连接到电路中后，它便可以展示电流的各种不同效应。当珀施尔教授把这台发电机当作电动机进行演示时，电刷出现问题，产生了大量火花。我在观察后认为，即使没有这些装置，电动机也能照常运行。但教授断然宣称这是做不到的，不过他还是给了我个面子，让我就这个问题说说看法。最后，他点评道："特斯拉先生可以成就一番伟业，但在这件事上他肯定是做不到的。因为，这相当于要把某种类似于重力的恒定的牵引力转化为旋转力。这其实就是一种永动机方案，这个想法是不可能实现的。"但某种意义上，人的直觉是可以超越知识的。毫无疑问，我们有某种更精细的脑神经纤维，在逻辑推理或任何刻意的脑力活动统统不奏效的情况下，使我们能够洞悉真相。尽管教授的权威让我一度动摇，但很快我就坚定了信念，认为自己是正确的。于是，我以青年人的满腔热情和无限信心投入到这项艰巨的工作中。

我先是在脑海中构想出一台直流电机，并且让它运转起来，同时密切观察电枢中电流的变化情况。然后，我构想出一台交流电机，并以类似的方式研究其工作过程。接下来，我构想出将发电机和电动机合二为一的系统，并以不同的方式使其运转。我头脑中的影像在我看来都真真切切，仿佛触手可及。在格拉茨理工大学的剩余几个学期里，我都是在这种紧张的脑力劳动中度过的，但所有这些努力都无果而终。我几乎可以下结论了：这就是 个无解之题。

1880年，我遵照父亲的意愿，前往位于波西米亚的布拉格，在那里的大学继续完成学业。在这座城市中，我的研究迎来了转折点：去掉电机中的换向器，并顺着这个新的方向探究对应的现象，但这条研究之路最终也没有走通。第二年，我的人生观骤然发生了改变。我意识到父母已为我做出了太多牺牲，因此我决心要减轻他们的负担。当时，在美国掀起的电话浪潮刚刚抵达欧洲大陆，匈牙利布达佩斯正准备安装一套电话系统。这似乎是一个绝佳机会，况且我家的一位朋友就是该企业的负责人。正是在这里，我的精神陷入了完全崩溃的状态，我在上文中已经提过这件事。

我在患病期间的经历超乎所有人的想象。我的视觉和听觉一直以来都异乎寻常的敏锐。对于远处的物体，我一眼就能看得清清楚楚，别人却连一点痕迹都看不见。童年时，邻家多次着火，而主人还在睡梦中，我听到了火苗发出的微弱的噼啪声，于是大声呼叫，这才让他们的房子没有毁于大火。

1899年，年过40的我在科罗拉多州开展实验工作时，能够非常清晰地听见550英里之外的雷声。我的年轻助手的正常听力范围几乎不超过150英里。这样说来，我的耳朵要比常人灵敏13倍还多。当处于神经紧绷的状态下时，我的听觉灵敏度甚至更高，可以说，与其相比我在当时还只能算是一个聋子。在布达佩斯，我隔着三个房间都能听到手表的嘀嗒声。苍蝇落在房间里的桌子上，都会在我耳边产生一记闷响。一辆马车在几英里外经过时，都会震得我全身抖动。二三十英里外火车头的汽笛声，会让我坐的长凳或椅子剧烈震动，以至于身体都跟着出现令人难以忍受的疼痛。我脚下的地面不断地颤动，我不得不用橡胶垫垫在床脚下，否则根本无法入睡。远、近处的轰鸣声常常让我以为有人在跟我说话，若不将这些声音分解为一个个偶发的因素，再还原其原貌，我肯定会被吓得不轻。当阳光时不时被遮断时，我的大脑就会产生强烈的刺激，以至于让我感到眩晕。每当从桥下或某座建筑物的下方经过时，我都会有一种脑壳受强力挤压的感觉，且必须集中全部意志力才能加以克服。在黑暗中，我变得像蝙蝠一样耳聪目明，凭借前额具有的一种奇特怪异的感知力，我可以觉察到位于12英尺以外的物体。我的脉搏时快时慢，从每分钟几下到两百六十几下不等，而伴随着每一次悸动和震颤，我身体里的所有组织器官都会不由自主地抽搐，这种感觉是最难以忍受的。一位知名医生让我每天服用大剂量的溴化钾，还断言说我的这种病绝无仅有且无法治愈。

那时，我没有成为生理学家和心理学家观察研究的对象，这份遗憾伴我终生。我的心中唯有生存的渴望，未曾想过有朝一日还能康复如初。有谁能相信，就是这样一副不可救药的残躯病体，竟能爆发出如此惊人的力量和韧性：持续工作38年，一日都未曾停歇；即使人到暮年还依然身体强健，精神矍铄。我的经历就是如此。之所以成就这一奇迹，其中一个原因就在于我对生命的渴望和对继续工作的决心，另一个原因则是我得到了那位忠实的运动员朋友所给予的帮助。我不仅恢复了健康，思维也变得更活跃。当再次向那道难题发起挑战时，我甚至为这场战斗即将结束而感到些许遗憾。我还有太多的干劲儿没有发挥出来呢。当初着手开展这项研究时，我的决心之大非比寻常。于我而言，这不仅是神圣的誓言，更是生死攸关的问题。我知道，一旦失败，我就会身败名裂。现在，我相信自己在这场战役中已经胜券在握。尽管我的内心深处有了答案，但还无法向外界呈现出来。我现在还清楚地记得，一天下午，我和朋友在城市公园一边散步，一边朗诵诗歌。那时的我，已能将整本书背得滚瓜烂熟，一字不差。其中一本便是歌德的《浮士德》①。

正逢夕阳西下，让我想起了那段壮美的诗文：

红日沉落，又度过了一天，

为促进新生，她一直向前；

哦，只可惜我不能插翅飞翔，

去永远跟随她，把她追赶！

太阳隐遁，一场美梦做完！

唉，精神的羽翼实难获得，

肉体的翅膀与之相伴相随！

　　当这些启迪心灵的词句从我嘴里脱口而出时，我突然灵光一闪，一切都水落石出了。我用一根枝条在沙地上画了几张简图。6年后，我在给美国电气工程师学会做演讲时，将这些图做了公开展示。陪我散步的友人能把所有图都看得明明白白。在我眼中，这些影像清楚明了，并且像金属和石头一般坚实，所以我跟他这样说："看，这是我设计的电动

————————————
① 《浮士德》：德国作家约翰·沃尔夫冈·冯·歌德创作的长篇诗剧，融现实主义与浪漫主义于一体。《浮士德》的构思和写作贯穿了歌德的一生。

机，看我把它倒个个儿。"我百感交集，简直不可名状，动容之深切，就算看到自己的雕像变成大活人的皮格马利翁①恐怕也要自愧不如吧。尽管障碍重重，我还是迎难而上，甚至不惜冒着生命危险，最终破解了大自然给我出的这道难题。即便我有幸发现上千个自然界的奥秘，我也愿意用它们来交换这份来之不易的成就。

---

① 希腊神话中的塞浦路斯国王，凭技艺雕刻了一座美丽的象牙少女像，并向神祈求让她成为自己的妻子。爱神阿芙洛狄忒被他打动，赐予雕像生命，让他们结为夫妻。

第四章

特斯拉线圈和
变压器的发明

　　有一段时间，我一直埋头于在头脑中构想机械装置和寻找新颖的设计思路，同时也沉浸在由此带来的巨大成就感中。我有生以来还从未体验到这样一种接近完美的心理幸福感。各种创意源源不断地涌现，唯一的困难就是如何将它们牢牢抓住。对我而言，本人构思的装置与实物无异，每一处细节仿佛都可以触摸到，甚至连细微刻度和磨损痕迹都与真实状态一模一样。我喜欢想象电动机持续运转的样子，因为这样在我脑海中呈现的画面会更加活灵活现，使我犹如身临其境。当一个人天生的癖好逐渐变成强烈的渴望时，他就会像穿着七里靴①飞奔似的奔向目标。在不到2个月的时间里，我开发出了好几种电动机，并对系统进行

――――――――――

① 七里靴：法国童话《小拇指》中妖怪穿上这种可大可小的靴子，一步可以行走数公里。

了改良和完善。如今，这些电动机都是以我的名字命名的。后来，由于生活所迫，我必须暂停这项费心劳神的工作，或许这是命运使然。受一份仓促出炉的电话业报告的影响，我来到布达佩斯碰运气。但命运似乎跟我开了个玩笑，我不得不接受一份工作——在匈牙利政府的中央电报局做绘图员。至于我的薪水，我觉得就没必要说出来了！幸运的是，我很快就赢得了局长的器重，随后便一直从事与新设备有关的计算、设计和评估工作。直到电话交换台启用，我才开始负责该交换台的相同业务。这份工作让我积累到极其宝贵的知识和实践经验，也让我的发明才能有了充分的施展空间。我对总局的设备做了数项改进，并且完善了一套电话中继器或放大器。尽管我从没有申请过专利，也未曾公开表明过，但时至今日，这些成就还是能让我引以为荣。电话业务创始人普斯卡什先生把我视为得力助手，出于对我的认可，他在转让布达佩斯的业务后，向我抛出了在巴黎工作的橄榄枝，我欣然接受了。

巴黎这座魔幻之都在我心中留下了不可忘却的印象。刚到巴黎的那几天，我徜徉在城市的大街小巷，五光十色的新奇景象让我眼花缭乱，茫然无措。到处都充满了无法抗拒的诱惑，刚到手的工资还没捂热就被我挥霍一空。当普斯卡什先生问起我在这个新天地过得如何时，我如实描述了自己当下的处境："每个月的最后29天是最难熬的！"我的日子过得颇为艰苦但又很充实，套用现在人的说法，就是所谓"罗斯福式"

的生活方式。每天一大早，不管天气好坏，我都会从我居住的圣马塞尔大道出发，前往塞纳河畔的一家浴场，跳进游泳池里游上27圈，然后再步行一小时到达位于伊夫里的公司工厂。七点半，我会在那里吃早饭，这顿饭的饭量堪比伐木工人，然后便焦急地等候中午饭点。在等午饭的同时，我还要为厂长查尔斯·巴彻勒先生排忧解难，处理棘手问题。这位巴彻勒先生正是爱迪生的密友和助手。在工厂，我跟几个美国人相处甚笃，他们之所以喜欢跟我交往，是因为我打得一手好桌球。我把我的发明向这些人做了介绍，其中一位先生叫D.坎宁安，是机工车间的工长，他提议可以成立一家股份公司。在我看来，这个提议简直滑天下之大稽。对于他所言何意，我根本毫无头绪，只觉得这就是美国人的行事风格。这件事也就不了了之。在接下来的几个月，我不得不穿梭于法国和德国之间，在两地来回奔波，为那里的发电厂排除各种"疑难杂症"。回到巴黎后，我向公司的一位主管劳先生提交了一份方案，旨在对他们的发电机进行改良，结果我得到了这个能让我大显身手的机会。这项工作取得了圆满成功，公司董事们对此非常满意，又授权我设计开发他们梦寐以求的自动稳压器。不久之后，在阿尔萨斯省斯特拉斯堡的新火车站，刚安装好的照明设备出了问题。当时，就在老皇帝威廉一世出席的火车站开通仪式上，存在缺陷的线路发生短路，导致一大面墙被炸裂。德国政府因此拒绝接收这套照明设备，而法国公司将面临重大损失。由于我懂德语且具备相关经验，故而被委以重任，负责收拾这个烂摊子。1883年初，我肩负着这一使命，动身前往斯特拉斯堡。

　　在斯特拉斯堡发生的一些事情，给我留下了难以磨灭的记忆。真是无巧不成书，很多生活在彼时彼地的人后来都功成名就。我在晚年时常跟人说："那座古老的城市里有让人得'伟人病'的细菌。其他人都纷纷'中招'，而我却'仅以身免'！"我日日夜夜都忙于处理公务、通信往来、与官员会谈。不过，只要能设法挤出时间，我都会来到火车站对面的机械加工作坊，用我特意从巴黎带来的部分材料打造一台简易电机。然而，这个试验一直拖到那年夏天才得以完成。正如一年前我设想的那样，不同相位的交流电也可以使电动机转动起来，而且不需要滑动触头或换向器。这个结果让我终于如愿以偿，也带给我妙不可言的快乐，但比这更加纯粹而强烈的是，我在首次展示我的发明之后发自内心的那份狂喜。

　　斯特拉斯堡前任市长博赞先生是我新结识的朋友之一，通过我的介绍，他对这台电动机和我的其他发明都有了一定程度的了解，因而我不遗余力地争取他的支持。他诚心待我，将我的发明推荐给几位富豪，但如同石沉大海，这让我颇感汗颜。他希望用尽一切可能的办法帮助我，在1919年7月1日即将来临之际，我想起自己从这个富有魅力的先生那里获得的一种别样的"扶助"。那是在1870年，即普法战争那年，博赞先生埋藏了一批数量不菲的1801年产的圣埃斯塔菲红酒。他断定，除了我以外，再也没有人配得上享用如此珍贵的佳酿了。这可以说是我在前面提到过的我这辈子都难以忘怀的事情之一。我的朋友力劝我尽快返回巴黎寻求帮助。我何尝不想如此，但各种琐事就像绊脚石，使我的工作和商谈举步维艰、旷日持久，甚至有时似乎濒临绝境。

德国人做事是出了名的严谨细致和"讲求效率"，从我以下提及的一段非常有趣的经历中便可窥知一二。当时，我们需要在一个走廊里安装一只16烛光度的白炽灯泡，在选定好位置后，我要求安装工人布设电线。干了一段时间后，他认为有必要征求工程师的意见，便去找工程师请示。工程师虽几度提出异议，但最终还是同意将灯泡安装别处，距离我指定的位置有2英寸，工作得以继续进行。随后，那位工程师开始担心起来，跟我说应当通知质量巡查员阿维德克。这个重要人物把我们召集到现场，经过一番研究和讨论后，决定把灯泡往回移2英寸，而那刚好就是我已经做了标记的位置。然而，没过多久，阿维德克本人的心里也没了底，并告诉我说他已就此事向高级巡查员希罗尼穆斯做了汇报，而我应等待对方的决定。过了好几天，这位高级巡查员才得以从其他要务中抽出身来，亲自来到现场，在讨论了2小时后，他终于拍板把灯再往外挪2英寸。我本以为这就是最后决定了，没想到希望再次落空。高级巡查员回来告诉我：行政专员冯克非常挑剔，没有得到他的明确批准，我不敢擅自下达命令安装这盏灯。我们为这位大人物的莅临做了相应的安排。当天一大早，我们就开始打扫卫生，把现场物品擦得锃光瓦亮；每个人都穿戴整洁，我还特意戴了副手套；当冯克及其随扈抵达时，我们给予了他们一行人隆重的欢迎仪式。经过了两个小时的斟酌，他突然喊出一句："我得走了。"同时，他指着天花板上的一个位置，命我把灯安在那里，而那正是我一开始就选好的安装点！

可以说，应对各种变数始终贯穿我工作的日常。但我始终坚定信念，无论付出多大代价也要把事情做成，最终我的付出得到了回报。到了1884年春天，在解决了所有分歧后，对方正式接收照明设备，我怀着美好的憧憬回到巴黎。一位公司负责人曾向我承诺，事成之后给我一笔丰厚的报酬。此外，算上我对他们的电动机进行改良所应得的酬劳，我想这笔钱会相当可观。为方便起见，我把公司的三位负责人分别称为张三、李四和王五。当我拜访张三时，他说李四有发言权。李四则认为这事只有王五可以决定，而王五又十分肯定地说，实权只掌握在张三手里。结果一轮轮扯皮下来事情又转回到原地，我这才恍然大悟，原来许诺我的报酬不过是空头支票罢了。此时，我筹集研发资金的努力也彻底失败，这对于本就失意的我来说无异于雪上加霜。因此，当巴彻勒先生劝说我去美国为爱迪生重新设计他的发电机时，我拿定主意前往这个"充满希望的黄金宝地"碰碰运气。但我差点就与这个机会失之交臂。

当我将微薄的个人资产变现，找到合适的住处，赶到火车站时，不巧看见列车正要出站。祸不单行，就在这时，我发现我的钱和车票都不见了。这下该怎么办？大力神赫拉克勒斯有足够的时间做到深思熟虑，而我却要一边追赶开动的列车一边做决定，此时两种截然相反的念头在我的脑海涌动，仿佛电容器发生振荡一样。在最后一刻，凭着一股坚定的信念和灵活敏捷的身手，我成功跳上了这趟列车。在那些微不足道而又令人不快的寻常经历成为过去时后，我终于登上了前往美国的轮船，随身只携带了剩余的财物、几篇我写的诗和文章，以及一捆演算手稿，其中包括对一个难以求解的积分问题的解答和我设计的飞行器的相关计算结果。在旅途中，我大部分时间都坐在船尾，准备随时救助不幸落水的乘客，却未曾顾及自己的安危。后来，我领教了美国人的某些实用主义观念，每当回想起这段往事，我还是难免感到后怕，也会为自己曾经的愚蠢而惊讶。

我希望我能以文字的形式，道出我对美国的第一印象。我读过有关精灵把人送入梦幻之境的阿拉伯故事，在那里可以过上令人兴奋而又愉悦的冒险生活。但我的亲身经历却与之刚好相反。如果真有精灵的话，那么想必它会把我从梦幻世界带到现实世界中。我离开的地方无论哪个方面都可以说是美轮美奂、充满艺术气息且令人心驰神往，而我在这里看到的一切都是像用机器加工出来的，给人一种粗糙无趣的感觉。一名身材魁梧的警察转动着手中的警棍，在我看来，那棍子粗得就像一根原木。我走近他，礼貌地向他问路。"走过六个街区，然后向左转。"他带着凶巴巴的眼神回答道。"这就是美国吗？"我问自己，惊讶之余心头涌上一丝苦涩，"就文明程度而言，这里比欧洲落后了一个世纪。"直到1889年我再出国时，距离我初到美国已过去5年，我方才相信美国领先欧洲100多年。直到今天，也没有什么事能改变我的这个看法。

　　与爱迪生的那次见面令我终生难忘。让我惊讶的是，这位伟人竟能在既无早期优势，又缺乏科学训练的情况下，取得如此不同凡响的成就。我学过十几门语言，钻研过文学和艺术，把我最好的年华都给了图书馆，在那里如饥似渴地阅读各种各样的书籍。从牛顿的《自然哲学的数学原理》到保罗·德·科克①的小说等无所不包，却感觉自己虚度了大半生。不久，我就幡然醒悟，这其实就是最好的自我历练的方式。仅仅几周之内，我就赢得了爱迪生的信任，具体经过是这样的。

　　"俄勒冈"号是当时速度最快的汽船，但船上的两套照明电机均因故障无法使用，航行计划因此被迫推迟。由于电机安装在先且置于底舱中，而修建上层建筑在后，所以不可能将前者拆走。面对这个让人左右为难的困境，爱迪生非常恼火。我在傍晚携带必要的工具登上了

━━━━━━━━━━

① 保罗·德·科克（1793—1871）：法国作家，所著小说多反映巴黎生活，略有情色描写，曾在欧洲风靡一时。

那艘船，并在船上待了一整夜。两台发电机的状况都非常糟糕，有好几处短路和断路点。在船员的帮助下，我让它们都恢复了正常。翌日清晨5点，我走在回工厂的路上，经过第五大道时刚好碰到爱迪生、巴彻勒和其他几个同行人，他们正准备回家休息。爱迪生说："我们的'巴黎人'还在街上夜逛呢。"我告诉他我刚从"俄勒冈"号上下来，两台发电机都已经修好了。他不再吭声，而是看了我一眼，然后默默地走开了。当他走出一段距离后，我听见他嘴里冒出了一句："巴彻勒，这伙计不赖嘛。"从此之后，我就可以完全自由地去督导工作了。在将近一年时间里，我每天从上午10点半工作到次日清晨5点，没有一天例外。爱迪生对我说："我的助手中不乏勤奋者，但你是最棒的。"在此期间，我设计了24种类型各异的标准电机，它们均采用短铁芯且制式统一，用以替换老旧机型。经理曾经跟我承诺说，完成这一任务后会给我5万美元报酬，但事实证明，这不过是一句玩笑话而已。这件事让我深受打击，随后我便辞职了。

不久，有人找到我并建议以我之名创办一家制造弧光灯的公司。我终于等来了一个开发电动机的机会，但当我向新合伙人提起这个话题时，对方却回应说："不，我们要的是弧光灯。我们对你的交流电机没兴趣。"1886年，我设计的弧光灯照明系统得到了完善，并用于工厂和城市照明。然而，当得以抽身之时，我却发现除一张印刻精美却无实际价值的股份证书外，我几乎一无所有。之后，我又尝试在其他新领域闯出一番天地，却发现这些领域都不适合我。不过，我的努力最终得到了回报。1887年4月，特斯拉电气公司成立，随之还设立了一个实验室，配备了相关设施。在这家公司，我制造出的电机完全符合我的设想。我无意改进已有的设计，我所做的只是复制我脑海中呈现的图像并造出实物，而实际的运转情况一般都能合乎我的预期。

1888年初，我们与西屋公司达成了一项协议，旨在大规模生产该款电机。然而，还有一些大的难题需要克服。我的电机是基于使用低频电流设计的，而西屋公司的专家们为了在变电方面占据优势，选定的电机工作频率为133赫兹。他们不想改变其设备的标准形式，所以我只能集中精力对我的电机进行改造，以满足对方的条件。另外，还需要搞出一种能以该频率高效工作的双线电机，而完成这项工作绝非易事。

1889年末，匹兹堡那边的业务已不再需要我亲力亲为，我便回到纽约，在位于格兰德街的一座实验室继续我的实验工作。在那里，我刻不容缓地投入到高频电机的设计中。这是一个尚待探索的领域，这种电机的构造既新颖又独特，因此我面临着很多难题。由于担心感应式电动机不能形成理想的正弦波——后者是引发谐振的重要因素，所以我将此类电机排除在外。要不是因为这个棘手问题，我大可不必付出如此多的辛劳。高频交流发电机还有一个让人头痛的缺点，就是它的速度似乎不稳定，这可能会严重限制其应用。我在给美国电气工程师学会做演示时已经指出，电机的调谐多次失灵，需要重新调整，但当时我还想不出行之有效的解决办法。很久之后我才发现，有一种方法可以使此类电机保持恒速运转，使电机在极高和极低负载之间，其每旋转一周的速度偏差都能控制在很小范围内。

从其他诸多因素来看，发明一种更简单的装置产生电振荡似乎是可取的。1856年，开尔文勋爵[①]揭示了电容放电的原理，但这一重要的理论知识却未得到实际应用。我看到了机会，着手开发基于该原理的感应装置。研发工作进展神速，在1891年的一次演讲中，我展示了一种线圈，它可以产生5英寸的电火花。也是在那次演讲中，我对在场的工程师坦诚相告，将这个新方法用于变电技术时有个随之而来的缺陷，即火花间隙的电能损失。继此之后的研究表明，无论采用何种介质——如空气、氢气、汞蒸气、油和电子流，其能量转换效率都是一样的。电能与机械能类似，其转化基本都遵循同样的定律。好比我们可以在某个高度让一个重物垂直坠落，也可以让其沿着迂回曲折的路径落到较低位置，但就做功的大小而言，这些都无关痛痒。好在这并非致命缺陷，只需让

---

① 开尔文勋爵：威廉·汤姆森（1824-1907），又称第一代开尔文男爵，英国数学家、物理学家、工程师，热力学温标的发明人，被称为现代热力学之父。

谐振电路实现合理配比，便可达成85%的能量转换效率。自从我早前公布这项发明以来，该技术已得到广泛应用，并且给很多领域带来了革命性的影响。1900年，我成功实现了100英尺的高压放电，并制造出球形闪电电流。那一刻，我想起我在格兰德街的实验室里观察到的第一簇微弱的电火花，我的内心激动不已，那种感觉丝毫不亚于我发现旋转磁场时的心情。

第五章

放大发射机

回顾过往的人生经历，我明白了一个道理：影响我们命运的事情往往在不经意间就发生了。我年少时的一次遭遇足以说明这一点。那是一个冬日，我和几个男孩一起攀登一座陡峭的山峰。山上的积雪很深，来自南方的暖风非常适合登山。我们用扔雪球的方式自娱自乐，雪球向山下滚动一段距离后多少会裹挟一些积雪，我们相互比赛，看谁能把雪球滚得更远。突然，我们发现一颗雪球似乎大过了头，而且还像气球一样不断膨胀，直到变成一座房子那么大，然后轰隆隆地朝着下方的山谷滚去，其冲力之大甚至让地面都为之颤抖。我像着了魔似的看着眼前的一切，完全不知道发生了什么。在那之后的几周，雪崩的画面一直在我眼前晃动，我不免产生这样一个疑问：一个微不足道的东西究竟是如何变成庞然巨物的？从此，我便被如何放大微弱的作用力这一问题深深吸引。多年后，在开始机械共振和电谐振的实验研究之初，我就对这个领域产生了强烈的兴趣。如果不是因为早年的那次经历给我留下了深刻的印象，我也许就不会对我发明的线圈所产生的那小小的电火花进行深入研究，也就不可能有我的最佳发明横空出世了。在下文中，我将首次讲述这个发明的真实来历。

有些"势利眼"经常问我，我最看重哪个发明。这是个仁者见仁智者见智的问题。有不少技术人员，尽管在其专门领域都十分能干，却思想迂腐、目光短浅，他们一口咬定除了感应电动机，我几乎没有给世界带来任何有实用价值的东西。这么说可就大错特错了。判断一个新想法的好坏优劣，绝不能只看它有没有起到立竿见影的效果。我的交流输电系统可谓来得恰逢其时，因为它解决了工业领域长期存在的难题。尽管还需要克服很大阻力，调和相互对立的利益，但按照以往惯例，商业化应用宜早不宜迟。就以我的涡轮机为例，我将两者各自的境遇进行对比。有人会想，这个发明如此简单而精巧，集一台理想电机的诸多特性于一身，所以理应马上得到采用，而且毫无疑问，它也可以在类似的条件下得到成功运用。但旋转磁场所要达成的预期效果并非让现有设备变得毫无价值，恰恰相反，它的真正意义在于给这些设备带来附加价值。该系统不仅适用于新企业，也同样适用于老企业进行提升改进。我的涡轮机则是一种性质截然不同的技术进步。它完全是另起炉灶，之所以这样说，是因为其成功就意味着要彻底放弃那些花费数十亿美元采购的型号陈旧的原动机。在这种情况下，涡轮机的推广应用进程势必非常缓慢，其中最大的阻碍也许来自专家头脑中的偏见，而有组织的竞争对手就是这些偏见的始作俑者。

就在最近，我遇到了我的朋友兼前助理查尔斯·F.斯科特，他现在是耶鲁大学电气工程系的教授。我跟他许久未见，所以很高兴有机会在我的办公室与他小叙，但这次见面却让我感到有些失落。我们的话题自然而然转移到我发明的涡轮机上，当时我满怀对未来的无限憧憬，情绪也随之高涨。"斯科特，"我感叹道，"我的涡轮机将会让全世界所有的热力发电机变成废铜烂铁。"斯科特摸着下巴，若有所思地望向别处，似乎正盘算着什么。然后，他只丢下一句"那样会垃圾成山的"，便一言不发地离开了！

不过，无论是我的这些发明还是其他发明，都不过是在某些方向上前进了几小步而已。在做研发的过程中，我只是依靠与生俱来的悟性，对现有装置加以改进，而从未特意考虑过人类更为迫切的需求。但"放大发射机"凝结了我多年的心血，开发它的主要目的就是解决人类面临的更加重大的问题，而非仅限于推动工业进步。

如果我没记错的话，在1890年11月，我在实验室进行了一项实验，它作为最特别、最壮观的实验之一，被载入了人类科学史册。在研究高频电流特性的过程中，我坚信可以在一个房间里人为制造电场，其强度足以将无电极真空管点亮。于是，我自制了一个变压器来验证这一理论推测，结果第一次试验就取得圆满成功。然而，当时的人们还很难理解这些奇怪现象的背后意味着什么。人类总是对新鲜事物充满好奇，但这份热情往往转瞬即逝。昨天我们见证过的奇迹，今天就成了司空见惯的平常事。当我首次公开展示这种真空管时，观众的那种惊诧之情简直无以言表。世界各地的人都迫不及待地向我发出邀请，数不清的荣誉和形形色色的名利诱惑纷至沓来，但我对所有这些都一概予以婉拒。

1892年，面对盛情难却的邀请，我前往伦敦为英国电气工程师学会发表演讲。我原先打算立即动身去巴黎，兑现类似的承诺，怎奈詹姆斯·杜瓦①爵士一再坚持，让我现身英国皇家科学院演讲。虽然我一旦下了决心就不会轻易动摇，但在这个伟大的苏格兰人的据理力争下，我还是"乖乖就范"了。他把我推到一把椅子上落座，然后给我倒了半杯诱人的棕色液体，那泛着光的琼浆玉液晶莹剔透，喝起来味如甘露。"此刻，"他说，"你正坐在法拉第的椅子上品尝着他喝过的威士忌酒。"美酒加宝座，这真是令人羡慕的体验。第二天晚上，我当着皇家科学院成员的面做了一次演示。结束时，雷利勋爵②向听众发言，他对

———————
① 詹姆斯·杜瓦（1842—1923）：苏格兰物理学家、化学家、发明家。
② 雷利勋爵：本名约翰·威廉·斯特拉特（1842—1919），英国物理学家。

我不吝赞美，把我摆在这些领域中"先行者"的位置上。我先是离开伦敦，后又离开巴黎，只为逃避对我铺天盖地的赞美。回到家后，我经历了人生中最痛苦的一次打击，并且得了一场大病。身体刚康复，我便开始制订计划，以重返美国继续我的工作。直到那个时候，我还没有意识到自己在发明方面具有任何特殊天赋，但在我一直视为"科学完人"的雷利勋爵的口中，我就是个发明天才。倘若真是如此，那么我想我应该集中精力实现宏大的构想。

有一天，我在山中漫步，一场暴风雨不期而至，我便找了个地方躲雨。虽然当时天空中乌云密布，但不知何故，雨迟迟未下。直到突然有一道闪电闪过，片刻之后，大雨才倾盆而下。显而易见，这两种自然现象密切相关，互为因果。稍加思考后，我得出了结论：降水形成所需要的电能微不足道，而闪电的作用很像是某种灵敏的触发器。

这一认识背后蕴含着一个巨大的成功机遇。如果我们能够人为制造电效应，使其特性符合一定的要求，那么整个地球及地球上的生存条件都将彻底改观。太阳使海水蒸发上升到空中形成水汽，风把水汽吹到遥远的地方，在那里水汽保持着极其微妙的平衡状态。如果我们掌握了能够随时随地打破这种平衡的力量，我们便可随意控制这股浩瀚的"生命源流"。我们可以灌溉贫瘠的沙漠，造出湖泊和河流，并提供无限的动力。这将是利用太阳能造福人类的最行之有效的方式。能否完成这一壮举，取决于我们有没有能力开发出与自然界中的雷电大致相当的人造电力。这似乎是一项毫无希望的事业，但我决心试试看。1892年夏天，我返回美国后，便立即开展这一工作，而它对我产生的吸引力有增无减，因为无线能量传输也需要用到同类方法。

次年春天，我初试告捷，取得了令人满意的结果——我利用我的锥形线圈使电压达到了100万伏左右。以现有技术水平来说，这不足挂齿，但在当时却被认为是很了不起的飞跃。1895年，我的实验室毁于大火，而在此前实验工作一直进展顺利。关于这场火灾，不妨参考T.C.马丁在《世纪杂志》（*Century Magazine*）4月刊发表的一篇文章。这场灾难给我造成的损失是多方面的，而且我不得不将这一年的大部分时间用于规划和重建实验室。但只要情况允许，我就会回归到这项任务中。

虽然我也知道，需要借助尺寸更大的装置才能获得更高的电动势，但直觉告诉我，即便是较为小巧的变压器，只要设计得当，也能达成同样的目的。在对平面螺线形次级线圈进行测试时，没有出现流光，这出乎我的意料，我在自己的专利中对此做了说明。不久我就发现，这是线匝的位置和它们之间的相互作用所导致的结果。基于这个发现，我采用一种有着较大直径线匝的高压导体，其匝间距足够大，能够减少分布电容，同时防止任何位置上出现电荷的过多堆积。通过运用这一原理，我可以制造400万伏的电压，与此对应的放电距离达16英尺，而这几乎是我在休斯敦街的新实验室所能达到的极限了。这台发射机的照片被刊登在1898年11月的《电气评论》（*Electrical Review*）杂志上。

我只有走向户外，才能在这条探索之路上走得更远。1899年春天，在做好建造一套无线输电装置的筹备工作后，我前往科罗拉多州并在那里待了一年多。在科罗拉多州，我还尝试对这套装置加以改进和完善，使它能够产生与所需电压相匹配的电流。读者若有兴趣了解这些试验，可以参阅我写的题为《增加人类能量的问题》一文。这篇文章发表于我前面提到过的《世纪杂志》1900年6月刊上。

《电气实验者》杂志编辑让我把这个问题说清楚讲明白，以便年轻的读者朋友们能够对我的"放大发射机"的构造和运作机制及其用途有清晰而准确的认知。那好，我就简要介绍一下。首先，这是一个谐振变压器，它采用一个次级线圈，其各个部件带电且电势较高；部件的面积都相当大，空间布局呈曲率半径非常大的理想包络面，彼此间保持适当距离，从而确保所有位置上的表面电荷密度较低。即使导体裸露在外，也不会出现漏电的现象。这种变压器适用于任何频率，从每秒几周期到数千周期不等，因此它既可用于制造强度较高、电压适中的电流，也能产生强度较小、电动势极大的电流。电压最大值的高低仅仅取决于带电元件的位置面的曲率和这些元件的面积大小。

从我以往的经验来看，制造高达一亿伏的电压是完全切实可行的。

从另一方面讲，我们也可以通过天线获得数千安培的电流。达成这样的效能，只需一套中等大小的装置便可。从理论上来说，一个直径小于90英尺的终端装置就足以产生如此大的电动势，而要在惯常的频率下产生2000至4000安培的天线电流，装置的直径无须大于30英尺。

更狭义地说，这种无线发射机的电磁波辐射量与其具有的总能量相比，完全可以忽略不计。在这种情况下，阻尼因子极小，电容得以扩容，从而能储存数量巨大的电荷。任何一种脉冲电流，哪怕是低频脉冲电流都可以激发这种电路的磁场，产生类似于交流电机那样的连续的正弦波振荡。

就最狭义的定义而言，这是一种谐振变压器，除了具备上述这些特性外，还经过精确配比以契合地球及其电气常数和性质。得益于这种设计，它在无线能量传输方面具有极高效率和极佳效果。由于传输中的电脉冲的强度不会减弱，因此距离的阻碍得以彻底消除。而按照严谨的数学定律，甚至可以让这种效力随着与装置的距离的增加而增强。

无线发射机，以及其他诸多发明，共同构成了我旨在实现无线传输的"世界系统"。

1900年，我返回纽约后便开始寻找商机将其推向市场。至于近期的事业目标，我在当时的一份技术报告中已一一列明，现摘录如下：

　　"世界系统"是发明者在长期不断的研究和实验过程中，将几项原创发明结合在一起的产物。有了该系统，人们能将各种信号、信息或文字符号以无线方式即时、准确地传送到世界各地；现有的电报、电话和其他通讯站点也可以实现互联互通，且无需对当前采用的设备做任何改动。举例来说，本地电话用户可以通过它联系上地球其他任何地方的电话用户，并与对方通话。无论用户置身何处——在陆地上也好，在海洋中也罢，他只需要一个不比手表大的廉价接收器，便能听到另一个地方的人发表的演说或演奏的音乐，哪怕他们之间相隔万里。举这些例子是为了让人们认识到，这个伟大的科学进步所创造的可能性——它不仅彻底消除了距离的阻隔，而且使地球这个完美的天然导体能够派上用场，具备人类智慧赋予导线的那些数不清的用途。由此而来的结果影响深远：任何通过一根或多根导线运行的设备（其距离显然会受到限制）在没有人工导体的情况下也同样能够运作，且不失便利性和精确性，而其作用距离不会受到除地球物理尺寸以外的其他任何限制。可以想见，借助这种完美的传输方式，人们在商业化利用方面不仅可以开辟出崭新的天地，还会极大地扩展传统商业的范畴。

　　"世界系统"建立在以下重要发现和发明的实际应用的基础之上。

　　"特斯拉变压器"。这种革命性装置对制造电振荡的意义，犹如火药之于战争。发明者用这种装置制造的电流比通常方式产生的电流强很多倍，对应的电火花长度超过100英尺。

　　"放大发射机"。这是特斯拉最出色的发明。它实际上就是一种特殊的变压器，专门用于给地球励磁。它对于电能传输的意义，好比望远镜对于天文观测的意义。借助这个不可思议的装置，能够引发强过闪电的电运动，并实现全世界范围的高压电流传输，其强度足以点亮200多盏白炽灯。

　　"特斯拉无线系统"。该系统囊括了多项改进，是目前已知的唯一不通过电线、经济上可行的远距离传输电能的方法。发明者在科罗拉多州建立了一座试验站，并在那里开展了大量深入细致的试验与测定工作。结果表明，该系统可以输送任何所需数量的电力，如有必要甚至可以送达地球的另一边，而损耗率在百分之几以下。

　　"个体化技术"。特斯拉的这一发明之于简单粗放的"调谐"，就好比精练的语言之于含混不清的表达方式。它既能以绝密的方式传输信号或信息，也能确保两端之间除发起方和接收方之外别无他者，也就是说，既不产生干扰，也不受干扰。每个信号都像一个身份明确无误的个体，而且站点和设备的数量几乎不受限制，即使同时运行，相互之间也没有丝毫干扰。

"陆地驻波"。通俗地讲，这个绝妙的发现就是指，地球对固定波长的电振荡产生了反应，就像音叉对某些声波有反应一样。这种特殊的电振荡可以对地球产生强大的励磁作用，因此在商业和其他诸多领域都有着广泛且重要的用途。

首座"世界系统"电厂在九个月内便可投产。它的最大发电功率将达到一千万马力，其设计目的在于，在缺乏必要费用的情况下，为尽可能多的技术成果效力。其中一部分成果如下所列：

全球现有的电报交换机或电报局之间的互联互通；

建立能够保密且不受干扰的政府电报服务；

全球现有的所有电话交换机或电话局之间的互联互通；

将电报或电话作为连接新闻媒体的纽带，实现普通新闻的广泛传播；

建立这样一个专供私人传递信息使用的"世界系统"；

全球所有证券报价机的互联互通和操作；

建立用于音乐发行等用途的"世界系统"；

使廉价钟表具有极高的计时精度，且无须做任何保养，以便全球时间配准；

打字或手写文字字符、信件、支票等的全球传输；

建立全球海事服务体系，使得领航员在没有罗盘的情况下仍能准确无误地引导各自的船只，判定其确切的位置、时间和速度，从而预防碰撞和灾难等意外；

创建一个适用于陆地和海上的世界印刷系统；

在全世界范围内对摄影图片和各种图画或记录进行复制。

我还曾提议，进行小型无线电力传输演示，其规模虽小但足以令人信服。除上述这些方面之外，我还提到了我的发明在其他重要性大得多的领域中的应用，并且所有这些发明有朝一日都会公布于众。

我在长岛建造了一座187英尺高的塔式结构的发电装置，其球形端子的直径大约为68英尺。这样的尺寸已经绰绰有余，几乎足以传输任何量级的电力。该装置最初的供电功率在200~300千瓦，而我打算以后将可用功率增加至数千马力。这台发射机发出的是一种具有特殊特性的复合电磁波，为此我发明了一套独特的电话遥控方法，无论能量大小都可以实施有效控制。

两年前，这座发电塔被破坏，但我的项目还在继续推进，另一座发电塔又将建成，它在某些功能上有了改进。借此机会，我要驳斥一则广为流传的不实报道，根据它的说法，我的发电塔是被政府拆除的。鉴于我们正处于战争状态，这就有可能造成一些人对我产生偏见，而他们或许有所不知，30年前授予我美国公民这一荣誉的相关文件一直被我妥善保存在保险柜中，而我曾经获得的勋章、文凭、学位证、金奖章和其他荣誉证书都被塞在了几个旧行李箱里。倘若这个报道有真凭实据，那么政府就应将我为建造这座塔所花费的一大笔钱退还给我。而事实恰好相反，保留发电塔符合政府的利益，尤其是因为它具有潜在的军事价值——仅举一例，它可以定位在世界各大洋游弋的潜艇。我的发电装置、维保服务和所有改进工作都可任由政府官员支配。自从欧洲爆发战争以来，我一直不计代价地忙着搞我的几项发明，它们对美国的意义极其重大，其中涉及空中导航、舰船推进和无线传输。了解情况的人都知道，我的奇思妙想使美国的工业发生了翻天覆地的变化，而且我的技术改进更在战争中发挥了关键作用，为国出力是我的荣幸，尤其就后者而言，我不知道还有哪位发明家有我这般幸运。我以前一直避免就这个问题公开表态，毕竟在整个世界都饱受战祸摧残之际，在个人问题上反复纠结似乎不合时宜。

我还想在此赘言几句，作为对传到我这里的形形色色的谣言的回应。有人谣传说，约翰·皮尔庞特·摩根[1]之所以与我合作，并非出于商业动机，而是由于他宅心仁厚，正如他向其他很多创业者都伸出援手

---

[1] 约翰·皮尔庞特·摩根（1837—1913）：美国实业家、金融巨头、艺术收藏家，1892年撮合爱迪生通用电力公司与汤姆逊－休斯敦电气公司合并成为通用电气公司。

那样。事实上，他不折不扣地履行了自己的慷慨承诺，要是再指望从他那里得到更多东西，那就未免太强人所难了。他对我的成就给予了极高的评价，而且从他的一言一行中也可看得出他十分信任我，认定我能够做到有始有终，不达目标誓不罢休。一些心胸狭隘、嫉妒心强的人想从中作梗，让我半途而废，我绝不会让他们的阴谋得逞。在我看来，这些人不过就是令人厌恶的致病细菌而已。我的发明方案之所以进展缓慢，实属自然法则使然。它太过超前，世界还未做好接纳它的准备。不过，同样的法则终将化腐朽为神奇，把它推向成功的宝座。

NIKOLA TESLA

第六章

遥控自动技术

在我潜心钻研过的课题中，没有一例像这个基于放大发射机的"世界系统"一样，需要我专注到极致，并使我精细的脑神经处于高度紧张状态，甚至濒临崩溃边缘。我年轻时为了研究旋转磁场曾经投入全部的热情和精力，但这些早期的探索与后来的工作相比，在性质上大相径庭。尽管那时的研究也极端艰苦，却未涉及无线领域中那些令人费解的难题，使我无须持续保持敏锐的洞察力，也不必承受心力交瘁之苦。虽然我当时身体耐受力极好，但饱受摧残的神经还是发出了抗议，就在这个漫长而艰巨的任务成功在望之际，我的精神彻底垮掉了。

假如老天爷没有给我配备一套"保险装置"，那么毫无疑问，我将会付出更为沉重的代价，职业生涯也可能提早画上句号。这套"装置"似乎可以随着年龄的增长而不断改良，每当我力不从心时，它总是能确保万无一失。只要它一直运作，我便可免于过度劳累的危险，而这一危险同样也威胁着其他发明家。顺便说一句，对于多数人而言，假期是不能没有的，但我却不需要休假。每当快要精疲力竭的时候，我就会像黑人那样"趁白人发愁的工夫，自然而然地入睡"。我斗胆提一个超出本人专业范围的假设：我身体里的某种有毒因子可能会一点一点地累积，当达到一定量时，我就会陷入一种近乎昏睡的状态，这种状态持续半个小时，分秒不差。一觉醒来，我就觉得之前刚刚发生的事情好像已经过去了很久，如果我继续沿着中断的思路想下去，便会有一种真真切切的反胃的感觉。为此，我身不由己地转而去做其他工作，让我吃惊的是，我顿时变得头脑清爽、精神焕发，并且能轻松破解先前还让我头疼的难题。数周或数月后，那些暂时搁置的发明又会重新点燃我的热情，对于所有棘手的问题，我一概都能解决，而且几乎不费吹灰之力。

关于这方面，我还想讲一段非同寻常的亲身经历，也许心理学专业的学生会对此感兴趣。我用接地发射机制造了一个令人叹为观止的现象，因此我力图搞清楚这样一个问题：它对以地球为媒介传播的电流的真正意义是什么。这似乎是一项让人看不到希望的事业。我坚持不懈地工作了一年多，最终徒劳无获。我为这项艰难的研究倾注了全部心力，可以说达到了忘我的境界，甚至连自己的健康问题都置之度外。最后，就在我濒临精神崩溃的时候，我的身体本能地进入了保护性睡眠的状态。苏醒后，我惊愕地发现，除了形成婴儿期最初意识的物象之外，其他所有生命中的场景在我脑子里都变成了一片空白。说来也怪，那些物象呈现在我的脑海中时，其分毫毕现的程度令人吃惊，也让我感到无比欣慰。每晚就寝时，我都会把它们重温一遍，与此同时，越来越多我从前生活的片段也随之浮现出来。在徐徐展开的昔日场景中，我母亲的形象始终居于主要位置，想见她一面的殷切期盼逐渐充斥着我的内心。这种感觉如此强烈，使我决心放下手头上的所有工作，以解思念之苦。但我发现，要从实验室抽身实在太难了，结果一晃就是好几个月。在此期间，我成功唤醒了记忆，完全恢复了1892年春天前过往生活的印象。在下一幅从雾一般模糊的记忆里显现出来的画面中，我看到自己正在巴黎和平饭店，由于长时间用脑，我就像中了沉睡魔咒，刚刚才从奇特的梦境中醒来。不难想象，当我脑海中闪现出一封送到我手里的信件，从中得知我母亲临终的噩耗时，我是多么痛苦和难过。我记得我是如何千里迢迢赶回家，途中没有歇息片刻，而她又是在经历了数周的痛苦之后如何撒手人寰的！尤其值得一提的是，在记忆部分丧失的这段时间里，我对与我的研究课题有关的一切都保持着完全清醒的认知。我可以回忆起实验中哪怕最微小的细节和看似最不重要的观察结果，甚至能背诵好几页的文字和复杂的数学公式。

　　我是补偿定律的笃信者。真正的回报永远与付出的劳动和牺牲成正比。正是基于这一信念，我确信在我的所有发明中，"放大发射机"将以其无可比拟的价值和重要性，被后世证实其对子孙后代的贡献将超越一切。我之所以做出这样的预测，并非仅仅因为我料到它必然会掀起工商业的革命，更重要的是，我认准它将成为推动实现众多对改善人类生活意义重大的成果的关键。在更有利于人类文明这一崇高目的面前，单纯考虑实用性就显得不那么重要了。我们面临的挑战深远且重大，这也就意味着，解决这些问题不能仅仅依靠为人们的物质生活提供相应的保障——无论这种保障多么充裕。相反，这条进步之路上往往危机四伏、险象环生，其对人类的威胁绝不逊于贫穷和苦难所构成的挑战。如果我们将来能够释放原子能，或是发现其他某种方法，用以开发世界各地的廉价而无限的能量，那么这种成就或许并不是人类的福音，反而有可能给人类带来灾难，因为它可能会引起纷争和无政府状态，最终导致遭人唾弃的强权上台。

那些能让人类趋向团结和谐的技术进步才是最大的善事，而我的无线发射机当属此类。拜这种装置所赐，人类的声音和图像可在任意地点复制出来；工厂运转所需的电力供应将来自数千英里外的瀑布；动力航空器可绕地球飞行而不停歇；人类将利用太阳能制造湖泊和河流，在提供动力的同时，将贫瘠的沙漠转变成肥沃的土地。将无线发射机充当电报、电话或用于类似用途，静电和其他所有干扰便可自行消除，而当前这些掣肘因素使得无线发射机的应用被限制在一个狭小范围内。

讨论这个话题正当其时，多说几句话也无妨。

在过去十年中，有不少人都曾经傲慢地宣称，他们已经成功清除了这块"绊脚石"。早在这些人的设计方案公布之前，我就对它们一一做了详细研究，并对其中多数方案进行了试验，结果发现没有一例行得通。也许，正是美国海军近期发布的一份官方声明，让某些喜欢道听途说的新闻编辑们学会了如何评估那些公告的真实价值。这种无谓尝试所依据的理论十分荒谬，所以但凡让我留意到，我都只会一笑置之。就在最近，有位工程师宣布了一个新发现，并且在新闻媒体上大张旗鼓地宣传，但最终却是虎头蛇尾。

这让我想起多年前发生的一件刺激的事，当时，我还在进行高频电流实验。刚好就在这段时间，史蒂夫·布罗迪①从布鲁克林大桥纵身跳下。最早报道他跳桥的新闻一度轰动纽约城，但自那以后，那些东施效颦者却让这一壮举沦为了低俗的噱头。这件事给我的印象非常之深，以至于我常常将这个胆量过人的印刷工挂在嘴边。在一个炎热的午后，我迫不及待地想让自己清爽一下，便走进一家酒馆。在这座城市，面向大

---

① 1886 年，23 岁的布罗迪为了 200 美元打赌，从布鲁克林大桥上跳河，结果他没有死而且拿到了这笔钱，从此产生了短语"做一回布罗迪"，意为做危险表演或冒险打赌。

众的大小酒肆有3万家，为人们提供爽口的12度酒精饮料。如今，你只有去欧洲贫穷混乱的国家才能享此口福了。当时在场的酒客不少，但不见有特殊身份的人。在谈论起一个问题时，我有了一个难得的自我表现机会，便不假思索地随口说了一句："这就是我跳桥时说的话。"话音刚落，我就觉得自己好像是与席勒诗歌中的提谟修斯①做伴一样。刹那间，人群一片哗然，十几个声音同时冒了出来："是布罗迪！"我往柜台上扔了一枚25美分硬币，随即急急忙忙跑向门口。但人群紧随在我身后，他们一边追一边喊："别跑，史蒂夫！"想必这句话让很多人产生了误解，因为就在我拼命跑向可供躲避的地方时，他们一个劲儿地想把我拦下来。幸好，我一路飞奔，绕过几个街角，穿过消防通道，终于回到了实验室。然后，我脱掉了外套，把自己装扮成一个干活儿很卖力的铁匠，并装模作样地敲打起来。即使时隔多年，每当夜幕降临，我还是忍不住胡思乱想。那天有惊无险的经历如幽灵般萦绕于脑际，让我在床上辗转反侧、翻来覆去地想：倘若那帮好事之徒把我逮个正着，随后发现我不是史蒂夫·布罗迪，那么我命运的齿轮又将如何转动？

不久前，那位工程师还向学术机构报告，说他根据"前所未知的自然定律"另辟蹊径，找到了应对静电干扰的解决之道。他还宣称，静

---

① 提谟修斯：古希腊将军、政治家。

电干扰是纵向传播的，而发射机所受的电磁干扰是沿着地表水平传播的——下这样的结论未免过于轻率，正如我在上面那段插曲中做出的鲁莽之举一样。按照他的说法，带有气态包层的地球也可以像电容那样充电和放电，但其充放电的方式与所有基础物理教科书中所讲的基本知识是完全相悖的。即使在富兰克林生活的时代，这样一个假设也会被认定为毫无根据的谬论。与此有关的事实在当时就已经广为人知，大气层的电性与机器产生的电的属性并无任何不同，这一点也已经得到了充分证明。显而易见，自然和人为干扰在地球上和空气中的传播方式毫无二致，它们都会在水平和垂直方向上形成电动势。以往人们提出的任何方法都无法克服这种干扰。实际情况是，在空气中，海拔每抬升1英尺，电势就会增加大约50伏，这就是为什么天线顶端和底端之间存在2万至4万伏的电压差。大气中的带电气团不断运动，并将电能释放给导体，这种释放过程并不连贯，而是时断时续的，并且会让灵敏度较高的电话受话器产生摩擦噪音。发射机的端子越高，导线所包覆的空间越大，噪音就越明显。但我们要明白一点：这种干扰仅限于局部，所以基本无伤大雅。

1900年，我正着手完善无线发射系统。当时，其中的一种装置采用了4根天线。这些天线经过了精心校准，达到统一频率，为接收来自任意方向的无线电波，我将数个装置连接起来，这样能起到信号放大的作用。当我想确定传送来的电磁脉冲的源头时，便将对角线位置上的每对天线串联接到一根主线圈上，从而给予检波电路电压。在前一种情况下，在电话中能够听到非常响亮的声音；在后一种情况下，声音不出所料地中断了，这说明两根天线抵消了彼此的信号。但无论是哪一种情况，静电干扰的现象都十分明显，所以我只能根据不同的原理，设计相应的防范方案。

正如我早前建议的那样，我将接收器接到地线的两端，这个带电空气引起的问题——在现代建筑中尤为严重——迎刃而解。此外，电路的定向特性也使得产生各种干扰的可能性减半。这个道理再浅显不过，但对于一些头脑简单的无线电技术人员来说，这就成了意外发现。这些人的经验仅局限于那些用一把斧头就能改进的装置类型，而且他们急于求成，还没等把熊杀死，就开始处理熊皮了。倘若真是无线电干扰在作祟，那解决起来倒也容易——只要在接收信号时避开天线即可。依此假设，将导线埋入地下应该就能完全不受影响。但事实上，与竖立在半空中的导线相比，埋入地下的导线反而更容易受某些外来电磁脉冲的干扰。说句公道话，这方面的工作的确略有进展，但这一进展的取得并非归功于任何特殊的方法或设备，而只是因为摒弃了体积庞大的结构，以及为消除巨型结构不利于无线传输和完全不适合接收信号的弊病，而采用了一种更适合的接收器。就像我在之前的一篇文章中指出的，要想彻底解决这个问题，就必须让系统"脱胎换骨"，而且这样的变革是越快越好。

　　这项技术尚处于萌芽阶段，而绝大多数人——甚至连专家也不例外——对其最终的潜在用途尚未有明确共识。在这种情况下，如果迫使立法机构强行通过一项旨在将其置于政府垄断之下的措施，那么将难以避免灾难性后果。几周前，丹尼尔斯海军部长便提出了这一动议。这位位尊权重的官员是抱着真诚的信念向参众两院发出呼吁的，这一点毋庸置疑。但无数的例证都说明了这样一个确定无疑的事实：在良性的商业竞争中总是可以得到最好的结果。非但如此，对于无线技术的发展之所以应当给予充分的自由空间，还另有原因。首先，与人类历史上的其他任何发明或发现相比，无线技术对于改善人类生活具有不可估量的广阔前景和更重要的意义。其次，我们要有一个正确认识：它是完完全全"土生土长"的伟大发明，而且比电话、白炽灯和飞机更有权利和资格贴上"美国"的标签。好大喜功的广告人和股票经纪人在传播虚假信息方面可谓"成绩斐然"，就连《科学美国人》这样优秀的期刊也把这项发明的主要功劳拱手让给了外国。"赫兹波"的发现当然要记在德国人头上，而俄国、英国、法国和意大利的专家们则迅速将其用于收发信号。但这种应用明显就是新瓶装旧酒，而且使用的还是传统老式且未经改进的感应线圈——它不过就是另一种形式的日光反射信号技术而已。

这种技术不仅传输半径十分有限，所能达成的效果也无甚价值。要说作为传递信息的一种手段，赫兹振荡器发出的电磁波与声波相比劣势明显，因此完全可以被后者替代，这与我1891年的主张不谋而合。更何况，在美国，不仅这些尝试都已做过，而且早在3年前就对无线系统的基本原理及其作为实用工具的潜力进行了清楚详尽的阐述。如今，这种系统在美国已得到普及，而基于赫兹波的装置和方法全都荡然无存了。我们的发展方向南辕北辙，却硕果累累，这些都是我国公民的智慧和心血的结晶。原始专利已经过期失效，机会之门现为所有人敞开。海军部长把干扰作为佐证其观点的主要论据。根据发表于7月29日《纽约先驱报》的一篇声明，他认为大功率无线电台发出的信号在世界上位于任何角落的乡村都可被截获。他所言非虚，这一点我在1900年所做的几次试验中已经加以证实。但也正因为如此，在美国强迫推行针对这项技术的管制措施很可能会收效甚微。

为了澄清这一点，我想说说最近发生的一件事，以正视听。有位怪模怪样的先生前来拜访我，意图招募我为其效劳，在某个遥远之地建造能把信号发送到全世界的发射机。"我们没钱，"他说，"但有一车车货真价实的黄金，而且我们不会亏待您的。"我回应他说，我想先看看我的发明在美国将会发挥什么样的作用，谈话到此便结束了。但这件怪事让我确信，某些黑暗势力正在蠢蠢欲动。随着时间的推移，保持通信的持续畅通将变得越来越困难，唯一的解决办法就是拥有一种能不受干扰的系统。这样的系统不仅存在，而且已经得到完善，接下来所要做的就是将它投入运行。

在大众意识中，这场可怕的战争仍是重中之重，也许只有将"放大发射机"用作一种攻防兼备的武器装置，尤其是将其与遥控自动技术相关联，才会引起最大程度的重视。这一发明是我切身和深入观察的必然产物，这种观察始自孩提时代且持续终生。当最初的成果公布于众时，《电气评论》杂志曾就此发表社论称，它将"成为推动人类进步和文明的最强有力的因素之一"。实现这个预言的那一天并不遥远。在1898年和1900年，我两次把我的发明推荐给政府，但都未获采纳；倘若我能通过某个足以引导政府决策的权威人物获得政府支持，结果可能会完全不一样。当时，我的确抱着我的这个发明会将战争扼杀在摇篮中的想法，因为它具有无限的破坏力，从而使个人因素被排除在战争之外。尽管我对这一发明的潜力始终抱有信心，但我对这个问题的看法却自此发生了改变。

除非消除导致战争死灰复燃的物理成因，否则战争是无法避免的，而这归根结底都是因为一个事实。我们所居住的这个星球实在是幅员辽阔、天南地北，且相隔遥远。只有通过消除各个时空层面的距离，如信息的传递、旅客和物资的运输、能量的传送等，才能在有朝一日创造适当的条件，以确保能够建立和维系持久性睦邻关系。当前我们亟待解决的问题是，如何在全世界范围内拉近个人与个人、社群与社群之间的距离，增进彼此的了解，消除蛊惑人心的思想理念，避免人们陷入狂热的民族利己主义和所谓的民族自豪感——它们往往是让世界陷入原始野蛮状态和战乱冲突的诱因。任何类型的同盟或议会法案都无法阻止这样一种灾祸的发生，充其量是弱肉强食的新花招而已。14年前，已故的安德鲁·卡耐基①倡导几个主要国家的政府联手建立"神圣同盟"②那样的组织，当时我就曾对此表达了观点。卡耐基可以说是结盟思想之父，他在这方面所做的宣传和鼓动比任何人都要多，并为总统日后的努力奠定了基础。不可否认，这样的盟约可能会给一些命运多舛的民族带来实惠，但它无助于达成人类追求的主要目标。和平只能是在实现普遍启蒙和种族融合之后水到渠成的结果，而我们距离这一最大的福祉还相去甚远。

透过这场我们亲眼见证的大规模战争，我得以反观当今世界，同时

① 安德鲁·卡耐基（1835—1919）：苏格兰裔美国实业家、慈善家，卡耐基钢铁公司创始人。
② 神圣同盟：1815年9月，在俄罗斯帝国皇帝亚历山大一世的倡议下，沙皇俄国、奥地利帝国和普鲁士王国三国君主在打败法兰西帝国皇帝拿破仑一世后缔结的同盟，目的是维护君主政体，反对法国大革命在欧洲传播的革命理想。

也坚定了信念。倘若美国忠于自身的传统，避免加入"纠缠不清的联盟"，这将是对人类利益的最佳保障。美国地理位置得天独厚，远离冲突一触即发的战场，不仅人口众多，而且自由与人权精神都深入人心；如果没有领土扩张的野心，却拥有取之不尽的资源，所有这些都将美国置于一个独特而优越的地位。正因如此，美国仅凭强大的国力和道德力量，便足以造福全人类，且在行事方式上也会比作为联盟成员国的国家更加深思熟虑、富有成效。

在《电气实验者》刊登的一篇个人传略中，我详细讲述了早年的境遇，并谈及一种怪症对我的折磨，它迫使我不断地展开想象和进行自我审视。起初，在疾病和苦闷的双重压力下，我的这些精神活动都是属于无意识的，而后来逐渐成为我的第二天性。最终，我形成了这样的认识：我不过是一个自动装置，不能自觉自愿地思考和行动，只是被动地对环境的力量做出反应。我们身体的结构如此复杂，我们所做的动作如此繁复，我们的感官对外界所形成的印象又是如此微妙和难以捉摸，以至于即使将这一客观事实摆在普通人面前，他们也很难理解。然而，对于训练有素的研究者们来说，没有什么比用机械论诠释生命更令人信服的，而早在3百年前，笛卡尔①在一定程度上就已经认识到并提出了这

---

① 笛卡尔：勒内·笛卡尔（1596—1650），法国哲学家、数学家、物理学家，近代唯心论的开拓者，提出了"普遍怀疑"的主张。

套理论。但在他所处的那个时代，人类有机体的很多重要功能还不为人所知，尤其对于光的性质和眼睛的构造与工作机制，哲学家们都还只是在黑暗中摸索。

近年来，机械论领域的科学研究已经取得了长足进步，涉及这一理论的很多著作均已问世，且逻辑之严谨让人不容置疑。巴斯德①的前任助手菲利克斯·勒丹泰克也许算得上是最能干、最有口才的机械论拥护者之一。雅克·罗布教授所做的趋光性实验备受瞩目，他从中明确证实了光对低等生物的控制力，而他的最新著作《受迫运动》则颇具启发性。科学工作者接受机械论正如采纳其他任何得到承认的理论一样，但对于我而言，这就是一个客观事实。我每时每刻都在通过我的行为和思想证明它是真实的。由外部印象所构成的意识在我的头脑中始终存在，驱使着我投入各种类型的体力和脑力劳作。只有在极少数情况下，比如当我处于异常专注的状态时，我才会发现难以确定原动力究竟来自哪里。

世间多数人对自己的周遭变化和自身经历往往处于浑然不觉的状态，数百万人因此罹患疾病，甚至过早死亡。对他们来说，即便每天都发生的最寻常之事，也显得不可思议、难以理解。有人可能突然感到一

---

① 巴斯德：路易斯·巴斯德（1822—1895），法国微生物学家、化学家。

阵悲伤，便绞尽脑汁地寻找缘由，而他本该已经注意到，那不过是因为一片云遮挡住了阳光。有人可能眼前浮现出一位密友的影像，而当时的情形在他看来十分离奇反常，但其实就在不久前，他与这位友人刚好在街上擦肩而过，或是在某个地方看到了对方的照片。有人因为弄丢了一粒领扣而大吵大闹，甚至咒骂很长时间，但这样他就无法仔细回想之前做了什么，并据此确定遗失物品的位置。缺乏观察力是一种无知的表现，也是许多病态观念和愚蠢想法盛行的原因。如今，十个人里面至少有九个人都相信心灵感应和其他灵异现象，还相信通灵术能与死人沟通，对于欺诈者——不管他们有意还是无意——也来者不拒、言听计从。

这一倾向性已根深蒂固，甚至在头脑清醒的美国人中也逐渐扎下了根，我可以通过一件滑稽可笑的事加以说明。

战前不久，我发明的涡轮机在这座城市面向公众展出，科技类报刊对此大肆报道，引起了广泛的评论。我料想制造商们会争相获取这项发明，尤其对底特律的那位大佬抱有很大期望，要知道他凭借着惊人的商业天赋积累了数百万美元的财富。我坚信迟早有一天他会找到我，为此我还向我的秘书和助手们打了包票。果不其然，在一个晴朗的早晨，一群福特汽车公司的工程师来到我这里，想要与我商谈一个重要项目。

"我跟你们说什么来着？"我得意扬扬地对员工说，他们中的一人应道："真了不起，特斯拉先生，您简直就是料事如神啊！"等这些精明老练的人刚一落座，我自然就迫不及待地开始大赞特赞我的涡轮机所具有的奇妙功能。可我还没说完，他们中的发言人便插话说："你说的这些我们都知道了，但我们此行有一个特殊的目的。我们成立了一个旨在研究灵异现象的心理学会，想请你加入共襄义举。"我猜这些工程师永远都不会知道，当时我差一点就将他们赶出办公室。

当代的一些伟人，同时也是名垂千古的科学领袖说我拥有与众不同的头脑。自从得到这种鼓励后，我便决心宁愿牺牲个人利益，也要为解决重大问题倾注我所有的心智和脑力。多年来，我一直都在努力破解死亡之谜，并热切期盼着能够得到心灵上的指引。在我的生命历程中，只有一次经历给了我短暂的超自然体验，那是在我母亲去世的时候。当时，我因为极度的悲痛和长时间的失眠而身心交瘁。一天晚上，我被人抬到与家相隔大约两个街区的一所房子里。我无助地躺在那里，心想：如果母亲在我离开她床边的时候去世，她一定会给我一个暗示。两三个月前，我还在伦敦与我已故的朋友威廉·克鲁克斯爵士①在一起，当时我们讨论起通灵术，而我完全被他的思想所左右。换作是别人，我可能会不以为然，但我却能轻易接受他的论点。想当初，学生时代的我正是

---

① 威廉·克鲁克斯爵士（1832—1919）：英国物理学家与化学家，因年仅21岁的弟弟早逝而对通灵产生了兴趣，认为科学实验能够揭示神秘的通灵现象。

在读过他有关辐射物的划时代著作后，才选择电气工程作为自己的未来职业。现在回想起来，我觉得那是一个让我得以探究来生的最佳时机，因为我的母亲是一位天才女性，她尤其擅长凭直觉力行事。那天整整一夜，预料之中的事情让我脑子里的每一根神经都绷得紧紧的，但直到第二天清晨我沉沉睡去或陷入昏厥时，却什么都没有发生。在梦境或昏迷状态中，我看到了一个云朵，几个如天使般美丽的身影在云中不断地摇曳，其中一个身影充满慈爱地注视着我，并逐渐呈现出我母亲的面貌特征。那道身影缓缓飘过房间，随后消失不见，而我被很多声音交织而成的一阵美妙动人、难以形容的歌声惊醒。就在那一瞬间，我知道该来的还是来了——母亲刚刚去世了，那种感受难以名状，却是真真切切的。我事先就有痛苦的预知，但那份沉重感如此之大已经超出了我所能理解的范围。趁着自己还有比较深刻的印象，我拖着病体给威廉·克鲁克斯爵士写了封信。康复后，我花了很长时间来寻找引起这一怪异的显灵现象的外部诱因。经过好几个月徒劳无功的寻找，我终于找到了答案，这让我很欣慰。我曾欣赏过一位名家的画作，它以寓意手法将四季中的一季描绘成一片云，云中还有一群天使，他们似乎真的飘浮在空中，这幅画给了我强烈的震撼。除不见我母亲的类似形象外，画中所绘的东西跟我在梦境中所见的东西一模一样。我听到的那首歌曲则是附近教堂的唱诗班在复活节早晨所用的弥撒曲，这样一来一切就都得到了符合科学事实的圆满解释。

这件事早已成过往，但自那以后，我未曾有一丝动摇，坚信灵异和通灵现象都是毫无根据的。对超自然现象的笃信可以看作心智发展自然衍生的结果。宗教教义中的正统观念不再被人们接受，但所有人的心中都存在某种至高力量作为其信仰的支撑。我们每个人只有心怀理想，才能管住自己的行为，做到知足常乐，而这种理想究竟表现为某一宗教信条、艺术、科学还是其他什么都无关紧要，唯一重要的是它能起到非物质化力量的作用。人类是一个整体，人与人要想和平共处，就必须有一种放之四海而皆准的共同理念。

尽管我未能获得任何证据，用以佐证心理学家和唯灵论者的观点，但我对生命的自动性做了在我看来堪称完美的证明。在证明过程中我不仅持续观察个体行为，还通过某种程度的归纳概括得出更具结论性的论断。这可以算作一个我认为对人类社会具有深远意义的发现，因此我有必要就此做一番简评。在我还很年轻的时候，我对这个惊人的真相就开始有了懵懵懂懂的认识，但多年来，我都把我注意到的现象解释为巧合。换句话说，每当别人利用特定的手段伤害我或我所眷恋的人、所投身的事业时，用时下最流行的话说就是"遇到天底下最不公平的事情"，我只会感到一种异常强烈而又难以名状的痛苦。我实在找不到更好的字眼来形容这样的痛苦，所以就姑且称之为"无穷之痛"吧。但过不了多久，那些造成痛苦的人就会反噬其身，个个也都落得遭灾受难的结局。类似情形多次发生在我身上，后来我便向多位朋友吐露了这一发现，从而让他们有机会认识到，这个在我头脑中日渐成形的理论是真实可信的。以下文字是我对该理论的阐述：

人体在构造上大同小异，所受到的外部影响也完全相同，这导致了个体反应的相似性和整体活动的一致性，而我们所有的社会规则及其他法律规范都是建立在此基础之上的。我们其实是完全受媒介力量控制的"自动机"，就像在水面上漂来荡去的浮子，却错把源自外界的原动力所导致的结果当成是自由意志的产物。我们所做的举动和其他行为都是出于保全性命的需要。尽管我们看似彼此独立，但实际上我们是被一条条无形的纽带联系起来的。只要有机体处于良好的状态，就会准确无误地对激发它的动因产生反应，而一旦任何个体出现某种失常情况，其自我保护的能力就会受到损害。当然，如果一个人失聪、视力减弱或四肢受伤，那么他继续生存的机会就会减少，这是人人都能理解的道理。大脑的某些缺陷也会带来同样后果，甚至有过之无不及，因为这些缺陷或多或少会让"自动机"失去生命特质，并导致它迅速走向毁灭。一个人要是感觉敏锐、善于观察，并且拥有发达而健全的肌体，可以准确依照环境变化做出适当反应，那他也就具有了超人一等的无意识感觉，从而能够避开那些潜伏极深、不容易直接觉察到的危险。当他接触到那些控制器官存在根本缺陷的人时，这种无意识感觉就会发挥作用，让他感受到"无穷之痛"。成百上千个事例都证明了这一理论的真实性，而我想请其他从事自然科学研究的学生关注这个课题，因为我相信，只要大家群策群力，按部就班地开展工作，就会取得对世界具有不可估量价值的重要成果。

我很早就萌生了制造一台自动机的想法，旨在用它来证明我的理论。但直到1893年，随着我着手开展无线电领域的研究，我才积极投入到这项工作中。在随后的两三年里，我制造了若干可以实现远程遥控的自动机，并向来我实验室参观的人做了展示。1896年，我设计出一台能够进行大量操作的、功能齐全的机器装置，但研制工作一直拖到1897年底才彻底完成。我在1900年6月号的《世纪杂志》和其他同期期刊上发表过文章，对这台机器装置做了详细说明和描述。该装置的首秀是在1898年初，当时就引起了一阵不小的轰动，而我的其他发明从未有过这般"待遇"。1898年11月，在主审查官来到纽约并亲眼见证我演示了机器的性能之后，我的这项新技术才被授予基本专利，毕竟我所宣称的东西听起来像天方夜谭。我记得，后来我去华盛顿拜访一位官员，想向他表明我有意将我的这项发明贡献给政府，但当听完我介绍自己已取得的成果之后，他却爆发出一阵大笑。当时的人都不看好这种装置，认为它的前景十分暗淡，即使经过了完善，也是如此。遗憾的是，我在申请这项专利时听从了律师们的建议，写明控制功能是通过一个单回路和一种广为人知的检波器实现的，之所以如此，是因为我当时还没有为我的"个体化"方法和装置争取到专利保护。事实上，我发明的遥控船的控制机制是基于多个电路的共同作用，从而排除了形形色色的干扰。可以概括地说，鉴于我的高电压发射机在放电时会使大厅中的空气电离化，而即使一根很小的天线也能长时间地从周围大气中汲取电能，因此我采用了包含有电容器的环形接收电路。举个例子来说明：我发现一只直径12英寸的灯泡在差不多耗尽电能时，如果将其唯一的接线端子同一根短导线相连，它还可以连续发出一千次闪光，直到实验室空气中的电荷完全中和。环形接收器则并不容易受到这种干扰的影响，而令人费解的是，这种接收器直到现在才开始逐渐普及。实际上，它收集到的电能比天线和长接地线少得多，这一点恰好使得它能够消除现有的无线装置的许多固有缺陷。在向观众展示这一发明时，我请观众随便提问，而无论问题多么复杂，这台自动机都可以通过"手势"作答。这在当时被认为是魔术表演，但这背后的窍门其实非常简单。我不过是利用这个装置把答案"告诉"观众罢了。

　　在同一时期，我还建造了另一艘更大的遥控自动船，它的照片就刊登在这一期的《电气实验者》杂志上。这艘船通过线圈控制，若干线匝被置于船体内部，船体完全防水，可潜入水中。这套控制装置与我设计的第一艘遥控船采用的装置类似，除此之外，我又赋予了其某些特殊的功能。比如，将白炽灯用作判断机器是否正常工作的直观依据。

在朝我设想的遥控自动技术演进的过程中，这些不能超越操控者视野的自动装置处在一个初级或非常简陋的水平。所以，下一个合乎逻辑的改进就是实现视距外的遥控自动技术的应用，并使自动装置能够远离控制中心；而从战争工具用途来看，我向来主张应当把遥控自动装置放在比枪炮更加优先的位置上。新闻媒体偶尔将我的自动装置公之于众，称这些成就虽然很了不起，在新颖性上却乏善可陈，但无论如何，从中至少可以看出，人们现在似乎已经认识到了这一技术的重要性。虽然方法上还有待完善，但借助现有的无线电力装置就可以实现飞机发射升空，让它沿着大致的航线飞行，并在数百英里之外的地方执行某种任务。这一类机器还可通过多种机械方式操控，而我确信事实终将证明，它在战争中大有用武之地。但时至今日，据我所知，在现成工具中还没有一种工具具有达成此类目标所需的精准度。我已经对这个课题进行了多年研究，也探索出一些方法，无论这般还是更大的奇迹都将变得容易实现。

正如前文所述，当我还是个大学生时，我就构想出了一种飞行器，它完全不同于现代意义的飞机。尽管它背后的基本原理完全站得住脚，但由于缺乏一种动力足够澎湃的原动机，导致它无法被有效地转化为实际操作。近年来，我不仅成功解决了这一难题，而且还致力于全新飞行器的设计，这种飞行器不再有支撑面、副翼、螺旋桨和其他外部附件，从而能够达到极高的飞行速度，并且很可能在不久的将来成为维护和平的强大后盾。这种飞行器完全由反作用力维持并提供动力，其控制方式既可以是机械式，也可以借助无线电力。只需要安装适当的发电装置，便能够利用相同的原理发射一枚飞行炸弹到高空，并且其落点与可能在数千英里之外的预定目标点相差无几。但即便做到这些，我们也不打算止步于此。遥控自动装置终将被制造出来，它们能自主行动，就像有属于自己的智能一样，而它们的出现将引发一场革命。早在1898年，我就向一家大型制造企业的代表提出建议，制造一种具备某种判断力、能够自行完成各种操作的汽车，并面向公众展示。但我的这个建议在当时被认为是异想天开，于是也就不了了之。

当前，不少有识之士都在努力地寻求权宜之计，以避免战争再度重演。按道理说这场可怕的战争已经结束，而对于战争的持续时间和涉及的主要问题，我在一篇文章中做出了准确的预测，此文被刊登在1914年12月20日的《太阳报》上。拟议中的国际联盟并非一剂良方，恰恰相反，在一些洞察力强的人看来，它只会导致适得其反的结果。尤为令人遗憾的是，在订立和平条款时，一项惩罚性政策被纳入进来。要知道若干年后，交战中的各国可能不会再用到军队、舰船或枪炮，更加可怕的武器将取而代之，其破坏力和射程几乎不会受到任何限制。一座城市，无论与敌方相距多远，都可能会被摧毁，而且敌方的力量将空前强大、势不可挡。如果要想避免这种迫在眉睫的灾难和可能导致地球变为地狱的事态发生，我们就应当动员这个国家的一切力量和资源，推动飞行器和无线电力传输事业的发展，这一举措刻不容缓。

附 录

附录1：科学进步推动人类发展

尊贵的先生：

因为事务烦琐，我没能提前感谢您的厚爱，对此，我十分抱歉。

13日，我在贵报刊登社评，得到了该领域顶尖学者的称赞和点评，这使我获得更大的勇气和更强劲的动力，以便在学术道路上继续前进。

接下来，请允许我以简洁的语言描述——我在你们涉猎的领域中做出了哪些努力。

首先，我必须真心地感谢我的前辈——赫兹博士和洛奇博士。我正是因为站在他们的肩膀上，才能凭着不懈努力发明既经济又实用的照明系统，并且有幸于1898年在哥伦比亚大学做演讲时将它呈现在世人面前。

我认为，尽管有热才能有电，但是我们完全能够制造出一种和白炽灯相比效率更高的灯。基于这个设想，我的当务之急是找到若干简便易行的方法。第一步，我要对照明电路中的普通电流进行转化，使其成为高运转的电振动。这个方法很实用，且成本低廉，但是难度很大。从这个意义上来说，如果需要寻找其他办法，那么我很容易就能增加电流强度。我正是凭着这个方法获得了成功。虽然这些方法未必能够取代那些凝聚前人智慧的方法，但是我唯一可以肯定的是，它们有朝一日总会派上用场。

很早之前，我就想把太阳能运用到工业领域。然而，我必须承认一点，直到很久之后，我才发现旋转磁场，也才正式形成把太阳能运用到工业领域的明确想法。在探索的过程中，我发现了两种解决问题的方法。第一种方法是通过对太阳光能进行转化，获取太阳能；第二种方法是通过传送蓄水池里的巨大能量到其他地方，获取能量。这两种方法无须消耗材料，仅这一点就胜过了其他经济实惠的方法。

近来，我基于之前提出的第一个方法产生灵感，创建了无线功率传递系统。在宇宙空间里，地球是绝缘导体，除非获得地球等量电力，否则人类的身体是不能被充电的。以上述这两个客观原理为基础，我尝试发明一个能够取代地球电力的装置，并且获得了成功。这个装置可以被持续地充电，这样就能改变土壤中的电力，最终使土壤的表面形成压强。这个装置的内部只配备了一个泵，却能源源不断地把蓄水池里的水输送到小蓄水池中。我的计划是，运用这种方法发送信息，使信息抵达远方。此外，我面面俱到地介绍了这个方案，指出在极其特殊的情况下，确定地球的电气条件至关重要。这个方案的特别之处在于，随着距离的变化，信号强度不会急剧减小，甚至压根儿不会减小。

我认为，毫无疑问，这个方案为人类发明无线电报夯实了基础。也许，我们还需要提供精确的数据才能验证这个说法，然而，它并不否认对于发明无线电报，其他发明创造同样做出了重要的贡献。与此恰恰相反，我很荣幸有机会衷心感谢我的前辈们。对于我是否能发明某种装置，使其产生百万伏高压，赫姆霍兹曾经心存疑虑。起初，这个担忧似乎并不存在，因为我很幸运，只花费了极短的时间，就掌握了操作这个装置的原理。此后，我坚持完善这个装置，与此同时找到了解决全部问题的契机。在这之后不久，我发现普通装置产生的空气是很好的绝缘体，穿过它很容易，继而能够产生250万伏的高压。通过更深入的研究和更严谨的分析，我得出了一个重要结论，即空气越稀薄，导电性越强。我终于克服了这些横亘在眼前的大障碍，往后只需要关注和解决技术上的难题。

在这里，我想解释我的最新发明被他人忽视的一些细节问题。就像我始终强调的，抽象思辨能力孕育了我的灵感，帮助我形成全部观点。我正在尝试着构建一个力学模型，它与人体类似，这样我就有可能遵循指导，构建出一个控制装置，也许还能构建出一个器官，使其敏感觉察到一些波动。

起初，我是因为热爱科学，才对这种想法表现出浓厚的兴趣。后来，我发现我已经在不经意间改变了现有的实验条件和各种事物。我祈祷这些改变是有利而无害的，否则，我宁愿没有做过发明。

我无从得知，我以后是否会因为某些发明的失误而触犯法律，甚至被定罪。但是，我必须宣之于众的是，我尽管当下还无法预见未来，但是时间将告诉世人，我做任何事情都会一直坚持我的价值观。科学的进步已经成为人类生活的一部分，将会造福于人类生活，使人类生活变得更加幸福。与此同时，科技也是人类的武器，我们必须重视科技的某些重要特质。例如，科技也许会派上特殊的用场，反而会危害人类的幸福生活。总之，任何发明创造都无法满足人类的全部正向需求。这正是科技的本质。

附录2：关于如何增长人类的能量：特指利用太阳能

　　在我们有所感知的浩瀚无边的自然现象中，复杂的人类生命常常令人感到惊奇，其中有三种方式备受瞩目，分别是人类的发展、人类发展需要的能量、如何增长人类的能量。历史的重重迷雾掩埋了人类生命的起源，使其更加复杂，富于变化，且充满神奇的色彩。人类生命的终点更是未知的，且隐藏在不可知的无边无际的未来。它来自哪里？它究竟是什么？它要去哪里？迄今为止，智者们依然在苦苦追寻答案。现代科学提出，太阳代表过去，地球代表现在，月亮代表未来。无比灼热的太阳孕育了生命，而生命最终将会变成一个冷冰冰的躯壳。大自然遵循着残忍的生命法则，每个人都将很快抵达生命的终点。开尔文勋爵曾经做出预测，人类只能生存600万年。此后，太阳的光芒渐渐黯淡，供给生命的热量渐渐衰弱，地球将会陷入无边的黑暗之中，因为极度寒冷而变为冰川，了无生息地转动。请不要绝望，因为宇宙里肯定会有微弱的生命，也许在某个遥远的星球上，新生命正在诞生。杜瓦教授用液态空气实验证实了这种可能性，实验结果显示，哪怕是在温度极低的状态下，有机生物体中的微生物依然能够存活，并且一直存在于宇宙中。随着科学和艺术的持续发展，我们发现了更多更美好的事物，照亮了人类不断前进的道路。人们沉浸在当下的喜悦中，暂时遗忘了黯淡无光的未来。

虽然我们无法透彻了解人类的生命，但是我们可以确信，人类与大自然中的所有生物一样正在进行生命运动。这意味着人类的躯体正是因为受到某种力量的驱使，所以才会移动。由此可见，正是外力驱使物体移动，才形成了生命迹象。所有物质都有惯性，所有力都有持续性。基于这个定理，躯体不管是运动还是静止，都会优先保持原有的状态，而不管因何缘由产生的力则都会产生相同大小的反作用力，这决定了一切生物的运动都具有某种特定的规律。很早之前，赫伯特·斯宾塞就曾经准确无误地阐述了以上观点，但是他的论述过程是完全不同的。他凭借人类能够感知的所有事物进行论述——正在运动的行星、不停起伏的潮汐、空气里的回响、不停摇动的钟摆、持续振荡的电流和有机生物界里各种各样的生命迹象。难道人类的生命与这些事物不同吗？作为生命个体的生老病死，他的种族、国家、家庭，同样具有某种规律。毫无疑间，人类是最复杂且最神奇和富于变化的生命体，但是，人类的生命本质是运动，人类和人世间的万物同样遵循着上述定理。

一般情况下，我们所说的人指的是人类的整体，在运用科学方法研究人类的运动之前，我们首先要形成正确的认知——人类的生命运动是一种物理事实。你当然认为现存于世的几百万个性格迥异的个体不是整体。虽然每个单独的生命个体都能够独立思考，自由地展开行动，但是他们如同天空中的繁星，在各种各样的关系连接下，组成了完整的、密不可分的整体。尽管我们看不见这些关系，却能够感受到这些关系。例如，我割破了手指，感受到疼痛，因为手指属于我的身体。看到朋友受伤，我感同身受，因为我和朋友之间具有某种关系。如今，当看到我的手下败将，或者看到那些我不屑一顾的事物，我依然有些难过。这恰恰意味着每个人都是整体的组成部分。

若干年来，宗教始终把这种观点奉为最高智慧准则，因为它不仅是永恒的真理，而且能使人与人融洽相处。对于这个相同的理念，基督教和佛教采用了不同的表述方式——所有事物都是一体的。人们采取包括形而上学在内的各种理论证明这个观点。科学也认为不同的生命个体之间存在某种联系，虽然这种联系和太阳、行星与卫星一起构成太阳系的联系不同。然而，确凿无疑的是，随着科学家越来越深入地研究物理状态和现象，未来一定能够通过实验进行证明这是人类始终遵循的真理。

人的一生如同白驹过隙极其短暂，无数种族和国家经历了诞生和灭亡，迄今为止，人类依然存在。这就是个体和整体的本质不同，这在某种程度上解释了那些能够始终延续的美好事物为何看起来很不起眼，但是其带来的影响却深远持久。

因此，我们把人看成是力所推动的物质。机械运动具有平移的特性，这种运动显然不具备平移的特性，但是我们可以运用尽人皆知的动能定理计算运动的动能：把物质质量的一半，与速度的平方相乘。例如，一枚处于静止状态的炮弹具有一定的热能，我们可以运用类似的方式展开计算。我们不妨想象数不清的微小颗粒组成了这枚炮弹，这些颗粒就是原子或者分子，它们互相转动和振动。只要设定这些颗粒的质量和速度，我们就能计算出每个微小的系统所具有的能量，再把这些能量相加，就能计算出这枚看似处于静止状态的炮弹所具有的总热能。我们可以用全部微小颗粒的质量总和的一半，与颗粒速度的平方相乘（多个独立颗粒的速度决定了这个速度），就能得出总能量。但是，这只是理论性的预估方法。如果我们运用相同的方法计算人类的能量，那么就要用人的质量的一半，与速度的平方相乘。然而，我们不能计算出人的速度。在这个领域，我们暂时没有找到答案，但是这并不影响我继续做出推论。为了证明我的观点，我将运用在自然界通用的与质量和力有关的定律。

但是，人是特殊物质，人是由旋转状态下的原子和分子组成的，只有热能。人有更高层次的能力，能思考出生命的法则。人的质量和海水一样持续地经历新旧更迭。不仅这样，人还能生长、繁殖、死亡，只需要改变体积或者密度，就能改变自身的质量。更为神奇的是，人类凭着自身的能力，能够从自然界的其他物质中获得能量，从而使自己的运动速度增加或者减少，并且把获取的能量转化为动能。在一些情况下，我们无视那些极其缓慢的改变，假设可以把人的质量的一半与某种设定的速度的平方相乘，得出人类的能量。我们不管采用哪种标准计算人的速度，最终都会得出如下结论：不管是现在还是将来，如何增加既定的能量都是科学领域的终极难题。很多年前，我认真阅读和研究了约翰·威廉·德雷伯的著作《欧洲智力发展史》。这本书对人类运动进行了详细生动的描写，我通过阅读发现人类科学的当务之急就是增加人类的能量。在这里，我将简要叙述我在这个领域的研究成果。

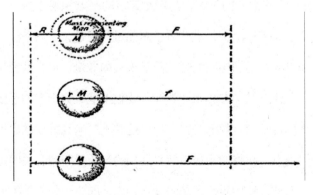

三种提高人类能量的方式

如上图示意，M表示整个人类，f代表力。F向一个方向推动M，与此同时，部分摩擦力和负力R则沿着完全相反的方向抵抗f，使物体的运动得以延缓。在所有运动中都存在这种对抗式的力，我们必须将其纳入考虑范围。这两种力大小不同，它们之间的差异使质量M沿着力箭头f指示的方向运动，由此产生一定的速度V。沿用前文讲述的方法，人类的能量可以用公式$1/2MV^2=1/2MV×V$计算得出，其中，M代表常规意义上人的总质量，V代表假定的速度，受限于当下科学发展的水平，我们还不能对这个速度做出明确定义。显然，增加人类的能量，就是增加这个算式的乘积，只能采取三种方式实现，正如上图所示。第一种方法，如图片最上方所示，增加物体的质量（虚线的圆表示物体的质量），而一对相反的力保持不变。第二种方法，如图片中间所示，使减速力R数值变小成为r，而驱动力和质量保持不变。第三种方法，如图片最下方所示，把驱动力f增大成为F，而减速力R和质量保持不变。可以看出，增加质量和减少减速力都存在一定的局限，但是我们可以无限地增加驱动力。这三种方法通过改变不同的数值增加人类的能量，因而衍生出三个不同的问题，接下来，我们将深入思考这三个不同的问题。

第一个问题：如何提高人口数量——燃烧大气中的氮

一般情况下，我们可以通过两种非常明显的方式增加人类的质量：第一种方式，保持或者增加那些能够增加质量的条件或者推力；第二种方式，减少或者抵抗那些能够减少质量的因素。关注健康状况能够增加质量，例如适度摄入种类丰富的食物，保持良好的作息规律，用心经营以提高婚姻质量，耐心细致地照顾孩子。除此之外，还要遵守各种宗教规定，保持良好的个人卫生状况。在增加新的质量时，依然有三种情况，即保持和往常相同的速度增长，还可以以较慢或者较快的速度增长。例如，一列火车正在轨道上行驶，它原本由100个火车头组成，后来增加了4个火车头，这样就增加了火车的能量。如果后来增加的4个火车头和火车保持相同的速度行驶，那么总能量将会增长4%；如果这4个火车头以相当于火车一半的速度行驶，那么总能量只能增长1%；如果这4个火车头以相当于火车2倍的速度行驶，那么总能量将会增长6%。这个例子很简单，足以说明更快的速度对增加能量大有裨益。我们还可以引申出另一个例子，假设父母和孩子的智力处于同等水平，这代表着在"相同的速度"下的质量，将会增加能量。假设孩子的智力水平比父母低，这代表着在"较慢的速度"下的质量，那么能量的增长幅度将会极小；如果孩子的智力水平高于父母，这代表着在"较快的速度"下的质量，那么新一代人会使人类的能量大幅度增长。哪怕是在"较慢的速度"下，和原本需要的增长相比，质量的增长也会超出。俗话说"只有强健的身体才能孕育高尚的灵魂"，我们完全否定这种观点。很多学校只要求学生强身健体，我读书时很认同这种教育理念，现在却持反对态度，因为我觉得这相当于以"较慢的速度"增长质量。不可否认的是，适度运动能够促使身心平衡，提高工作效率，但是，上述列举的例子告诉我们教育才是根本，我们需要提升"速度"，才能增加新的质量。

与此相反，那些不符合健康习惯和违反宗教规定的行为，尽管会减少质量，却无须过度强调。我们要适度享用红酒、威士忌、咖啡、茶和香烟等刺激精神的东西，因为它们会使大多数人的寿命缩短。然而，我反对长期以苛刻的方式压抑这些生活习惯。与其绝对禁止，不如号召人们适度享用。当人们习惯于享用这些刺激精神的东西，实行改革的一系列政策就只能循序渐进地产生效果。很多人消耗大量精力以改变习惯，不如把这些精力投入到更重要且有意义的事情之中，例如净化人类的饮用水。

如果有一个人因为享用这些刺激精神的东西而失去生命，那么至少会有一千个人因为饮用受到污染的水而失去生命。水是生命的源泉，极其珍贵，水也是诱发疾病和导致死亡的重要媒介。水中含有大量具有超强破坏力的微生物，它会在不知不觉间产生致命的伤害。当我们毫无察觉地过着幸福的生活，却浑然不知我们的生命正在被受到污染的水缓慢侵蚀。很多人都毫无戒备地喝水，这么做给人带来了毁灭性的打击。慈善家们应该想方设法地把这种情况告诉更多人。如果能系统地净化饮用水，且对饮用水进行杀菌处理，那么将会大幅度提高人类的质量。我们要规定不管是在私人家里，还是在公共区域，都必须把水杀菌或者煮沸才能饮用，最好把这一点上升到规定或者法律的高度，以确保每个人都能严格执行。只采取过滤的方法，无法有效阻止传染源。应该用彻底杀菌的水制造每一块食用冰块。在城市里，大家开始重视减少水里的病原细菌，但是，因为当下没有更好的方法对水进行广泛杀菌，所以很难普遍改善水的情况。现在，我们可以通过先进的电器设备，以廉价的方式制造充足的臭氧，这种消毒剂对于解决饮用水的安全问题非常有效。

这些都是造成大规模人口减少的原因，例如赌博、炒股，在商业领域进行投机，对那些代表着更高社会价值的个人更是如此。在发病初期，如果没有及时发现病症，或者没有好好照顾患者，那么很容易导致患者死亡。在逼近危险时，我们要对所有新信号心怀戒备，并且全力以赴，争取做到化险为夷。关注卫生和安全不但有助于自身健康，而且能够让付出得到更好的回报，这是在完成崇高的道德义务。每个人都应该把自己的身体视为匪夷所思的艺术品，或者是无价之宝。人体的美无法用语言描述，人体具备的能力超越人类的想象，但是，人体又是精致且脆弱的，哪怕是一次呼吸、一个眼神、一句话，甚至只是一个想法，都有可能导致身体受伤。不讲卫生有可能致病致死，这不但是摧残自己的行为，也是违背道德的坏习惯。为了让身体保持纯净，远离传染病，保持健康，我们唯有遵照更高的准则，才能向身体致以崇高的敬意。秉承这种精神，有些人严格遵守卫生标准，以此证明自己虔诚地信奉宗教。在道德方面的懈怠，如同恶魔残害身心，正是因为如此，在很多国家里，人的质量正在大幅度减少。如今，很多趋势和习俗同样会引发与之相似的后果。例如，社会生活、现代化的教育、追求喜欢的女性等事情，使人没有时间和精力履行家庭责任，这严重损害了人们此前怀着的高尚理想，还会减弱人的艺术创造力，导致不育，也使种族渐渐走向衰败。这些罪恶之源数不胜数，在众多因素中，与我们讨论的话题密切相关的有三个因素：因贫穷而导致食物匮乏、穷困潦倒和忍饥挨饿。每年，全世界有数百万人口因为饥饿而死亡，导致人的质量减少。哪怕是在文明社会里，很多慈善机构不懈努力，也依然无法完全解决食物匮乏的难题。食物匮乏是人口减少的重要原因。在这里，我所说的不仅是食物匮乏，也包括健康营养的食物匮乏。

　　当下，最重要的问题是怎样才能为人们提供充足且优质的食物。按照上文阐述的观点，通过养牛提供食物的方式不可取，因为这属于在"较慢的速度"下增加质量。因此，我更加推崇种植蔬菜，素食主义将会改善一直以来养成的野蛮食肉习惯。食用各种种植类食物，人们将会更出色地投入工作，这不是理论，而是现实。很多以素食为主的人身体更强健。无疑，包括燕麦在内的种植类食物的成本比肉更低，且对人的身心大有裨益。这类食物还能让消化器官的工作变得轻松，让人变得知足友善，并且具备其他各种好处。我们应该尽快停止残忍地杀戮动物，让内心获得安宁。食肉的欲望和本能将使人类的质量减少，所以我们要从根本上进行改变，即进行彻底的食物革命。

从哲学的角度看，仿佛没有对食物的需求。假设世界上存在某种生物能够在不汲取营养的条件下活下来，那么它可以从外界获取能量以维持生命的机能。例如尽管我们不知道某种晶体是怎样生存的，但它的确以某种生命形式存在，而且是一种能够存活的生物。世界上也许还存在其他与这种晶体类似的独立生命体，它们也许是气态的，或者是由更微小的物质构成的。我们不能否认在某个星球上这类生物有可能存活，或者说这是一个概率问题，因为未必所有生物都无法在被我们判断为不适合生存的环境中生存下来。我们不能断定地球上没有这类生命体与人类共存，因为它们存在的方式很可能是人类未知的。

人们生产人造食品，为机体提供营养物质，至少现在我认为以这样的方式增加人类的质量并不合理。我不能确信人类可以通过摄入这类食物更好地存活。人类经过持续改变以适应环境，才呈现出目前的状态，除非发现那些不可预见的灾难，才能让人类从根本上做出改变。我们不能轻易尝试这种具有极不确定性的实验。为了避免继续被人造食品侵害，我认为，在现在的情况下，增加土地的产量才是最好的解决办法。所以，我们必须重视保护森林。此外，还要提倡以水力传输电能，这样能够避免燃烧木材，保护周围的森林资源。然而，想要从上述各个方面做出改善，还存在诸多限制。

要想切实增加土地的产量，就必须以行之有效的人为方式让土壤变得肥沃。生产食物已经不再困难，当下的难题是怎样让土壤变得肥沃。没有人知道土壤由何而生，这使解释土壤的起源和解释生命的起源一样困难重重。岩石在一定的温度、湿度、风和气候条件下分解，其本身无法让生命存活。因为发生了某些不明原因的改变，土壤才呈现出新的状态，土壤的表层为苔藓等低等生物的存活提供了适宜的条件，而土壤又因为低等生物的诞生和消亡变得更适宜生命存活，最终提供了让高等生物存活的条件，更高等的植物和动物由此诞生。虽然这个理论无法证明施肥能够对土壤产生积极的作用，但是我们已经明确土壤不能永无止境地维持生物的生命，我们不得不为土壤补充需要的物质，我们可以通过植物从土壤中提取出这种物质。氮的合成物是最重要的补给物之一，解决食物生产问题，关键在于怎样以廉价的方式生产出氮的合成物。空气中含有大量氮气，如果我们能对氮气进行氧化，由此生成氮的合成物，那么必将造福人类。

一直以来，很多科学家都试图解决这个难题，遗憾的是至今没有结果。科学家们面对的最大难题是氮气具有惰性，无法和空气结合。我们需要用电解决这个难题，即用适当的电流，激活氮元素中处于休眠状态的吸引力。一块煤哪怕长时间与氧气接触也不会燃烧，一旦点燃它，它就会与氧气结合。在电的激活下，氮也会燃烧。最近，我通过释放电流，成功激活了空气中的氮。1891年5月，在一次科学演讲中，我对此进行了展示。这种新的放电形式，也可以称之为电火，被命名为"圣埃尔默之火"，它不但能制造充足的臭氧，而且能显著地激活化学物质的亲和性。一开始，电火只有3英寸到4英寸那么大，过程中的化学反应极其微弱，导致最终并没有有效进行氮的氧化过程。难点在于如何增强反应，必须利用特殊的电流，才能更有效地对氮进行氧化。

第一个进展，确定了高频率振荡的电流能明显地增强化学反应。这是一个重大进展，但是很多现实因素使执行具有一定的局限性。第二个进展，电流产生的电压具有诸如振荡性等特征，其效果需要深入研究。此外，还要研究气压、湿度、温度等条件如何影响反应，最终制订出最优方案，以产生最高效的、最强烈的化学反应。当然，我是通过一步步探索才获得这些进展的，没有捷径可言。就这样，火光变得更大，氧化反应变得更剧烈。原本只有几英寸的微弱火光，变成了60英尺到70英尺宽的火焰，空气中的氮被这个剧烈的电学反应吞噬了。我们逐步把可能性变成现实。通过下图和注释，你将会了解我努力的成果。剧烈的电流振荡通过图中的线圈，产生的电流如同火焰般一眼就能看到，并且使空气中的带电分子产生了强烈的振荡。这个时候，即使没有其他因素增强反应，空气中本来相互独立的两种成分之间也会产生强烈的亲和性，并且结合在一起。在运用这种方式制造氮合成物的过程中，要考虑一切能够让反应更有效、更强烈的因素，因为氮在很短时间内就会重新恢复惰性状态，所以需要特别的环节才能让不稳定的合成物最终固定成形。我们可以采取简单有效的方式，即用蒸汽把合成物永久地固定成形。

空气中燃烧的氮气

　　只需要使用简单的电气装置和价格低廉的机械动力，就能不限量地氧化空气里的氮。因此，要在世界各地推广这种简单低廉的方式，制造需要的各种氮合成物，使土壤变得肥沃，并且无限地增加产量。如此一来，我们就能收获很多健康且便宜的食物，这些食物与我们渐渐习惯的人造食物完全不同。这种新式的持续的食物供给资源，将为人类的生活带来无穷的好处，它将使人类的质量获得巨大幅度的增长，继而使人类的能量获得无限的增长。在指日可待的未来，我希望世界将开启与工业同样重要的全新领域。

第二个问题：怎样减少阻碍人类质量增长的力——远程遥控技术

　　正如上文所述，一部分摩擦力及反作用力将会阻碍人类的进步。我可以举例说明这二者之间有所区别。例如愚蠢、无知和低能，这些也许是摩擦力，也许是缺乏方向的阻力；而脱离实际的空想、自我毁灭的倾向、精神错乱、狂热的思想等诸思潮，则都属于反向作用力的范畴。要想消除或者减弱各种各样的阻力，需要以不同的策略应对。例如，人们会采取预防措施阻止狂热分子的极端举动，可以预先启蒙和教化他们，还可以引导他们扬善避恶。但是，人们无从知道那些低能的人或者禽兽会做什么，因为面对那些人就像面对一堆没有大脑的惰性物质，只要一不小心触碰到疯狂元素，就会使他们毫无预兆地释放。反向作用力往往表明一些通常情况下高质量的物质被误导，并且有可能朝着好的方向转变；但是，没有方向的摩擦力必然会造成损失。显然，对于上述问题，答案是：引导反向的作用力回归正确方向，并且减少摩擦力。

无疑，在全部的摩擦阻力中，无知是阻碍人类进步的关键因素。充满智慧的佛祖曾说过一句至理名言："世界上，最大的恶是无知。"无知是摩擦力产生的根源，而各种民族和语言则增加了摩擦力。只有传播知识，才能统一人性中的多相元素，这是最好的办法。以前，无知也许是阻碍人类向前发展的重要原因，如今，反向作用力比无知起到的阻碍作用更大。其中，尤以有组织的战争最具代表性。我们不妨想象数百万年富力强、精力旺盛的壮年，不得不过着缺乏创造力且死气沉沉的生活。每天都要花费巨额费用，用于维护战争机器和军队，这严重消耗了人类的能量。生产毁灭性的装备和武器，需要耗费巨大资源，且会摧毁无数生命，滋养野蛮的戾气。在这种糟糕的状况下，人类造成了骇人听闻、无法估量的损失。我们要怎样对付战争这个恶魔呢？

当然，世界需要机制化的力量维护秩序和法律。如果没有严明的纪律，任何社会都不能生存，更不可能发展繁荣。只要有需要，每个国家都必须具备自卫的能力。今天的局面不是一朝一夕之间形成的，所以不可能在转瞬之间实现根本性的变革。如果马上让每个国家解除武装，那么很可能会出现比战争更糟糕的局面。虽然人类一直梦想着世界和平，但是却不可能在短时间内现实这个梦想。最近发生的事情告诉我们，一个人哪怕拥有世界上无人能及的力量，做出最艰苦卓绝的努力，也不可能实现这个梦想。现在，人类无法实现世界和平。战争属于反向作用力，但是，必须经历战争，才能迈向正确的方向，因为战争是必经阶段。这就如同轮子正在快速旋转，如果没有减速，那么反方向旋转它，它必须先停下来，才能加速反向旋转。

有人提出，要想终结战争，就要研制大规模杀伤性武器，例如枪炮。我思考良久，断定这是天大的谎言。改进武器只会使战争升级，而无法阻止战争。相反，我认为每研制出一件新武器，就是与初心背道而驰更远，也只会投入更多的人力，以新技术产生新一轮激励效应，推动武器持续发展。想想火药的问世吧。我们能预见到这项发明彻底背离初衷吗？如果生活在火药问世的年代，我们难道不认为战争会随着火药的发明而结束吗？骑士的铠甲已经彻底沦为笑柄，曾经至关重要的体力和技术变得不值一提。事实告诉我们，火药非但没有终结战争，反而产生了巨大的激励效应。如果不能真正消除现有的条件，或者消除与现有条件相似的条件，我不认为任何理念或者科技的发展能够终止战争。因为战争俨然已经成为一门学问，蕴藏着某些人至高无上的感情。其实，如果一个人没有做好为更崇高的道义战斗的准备，是否就是好现象呢？人之所以成为人，不仅仅因为人有身体或者头脑，而是因为人兼有身体和头脑，且实现了身体和头脑的统一。我们的优点和缺点密切相关，就像力与物质密切相关。如果将二者彻底分开，那么人就不是人了。

很多人都曾提及另一种颇具影响力的观点，即防御手段正在取代进攻手段占据重要地位，因此不久之后就不会再爆发战争了。这种观点只符合被描述为"摧毁容易建设难"的基本法则。它对人类的能力和条件做出了定义。如果"摧毁容易建设难"成立，那么人们就会不受任何约束，始终无限地创造，持续地积累。地球上根本不存在这种条件，也许只有神才能这么做。虽然防御始终优于进攻，但是我认为只依靠防御不能阻止战争。依据这新的防御理论，我们虽然能够保护好港口，让港口不受到攻击，却不能阻止两艘战舰在公海里"狭路相逢"。顺着这个思路无限推导，我们会得出如下结论：如果攻防是单纯的对立关系，那么这对人类而言是更好的。因为所有国家，哪怕是最小的国家，都可以修建一堵墙把自己密不透风地箍起来，做到与世无争。但是，这种状况很不利于人类的发展，只有消除国家与国家之间的藩篱，人类文明才能持续发展。

还有些人认为，发明飞行器必然实现世界和平。我认为这种观点完全错误。飞行器的确即将出现且问世，但并不会改变当下的情况。我看到，诸如英国等大国不会因为任何理由放弃控制空域，就像他们不会放弃控制海洋。我不想模仿先知把话记录在案，留待以后查实，但是，我会坚定地说，在未来的几年里，你会见证"空中力量"的崛起，它的中坚力量也许靠近纽约。即使这样，人们依然喜欢打仗。战争法则持续发展的最高境界，就是所有的战争能量最终变成如同电容器一样隐匿的爆炸性能量，且保存战争能量简单易行。只要一点点这种能量，就能爆发出巨大的威力。注意，军队的人数或者规模的相对数，而非绝对数，决定了能否维护国家安全，防范外敌入侵。换而言之，如果所有国家同比例地对战备力量进行削减，那么安全系数将会保持不变。必须制定一项国际协议，才能让每个国家同比例削减战备力量，实现军备的最小化。现在，尽管人们对此认知不足，但它毋庸置疑是减少人类发展阻力的最好办法。

幸好当下的状况不会一直存续，日渐显现的新元素显著向着好的局面发展。我现在想说，根据我的观点，建立国家与国家之间和平关系的第一步是什么，通过什么方法才能最终实现世界和平。我们一起回到最初，当人类以弱肉强食作为唯一的生存法则时，理性之光还没有点燃，在强者施舍的慈悲下，弱者苟且偷生。很快，弱者开始学习怎样保护自己。起初，他们利用石头、棍棒、弓箭、矛和弹弓。后来，在战争中，智力取代体力，起到决定性作用。高尚的情感觉醒使人的野性收敛锋芒，变得柔和。经过多年潜移默化的改变，野蛮疯狂的动物战争逐渐演变为如今我们口中的"文明战争"。参与战争的各方礼貌握手，谈笑风生，偶尔还会抽着雪茄，只等待一声令下，就马上投入到充满血腥和暴力的战争中。无论悲观主义者如何评价，这无疑是令人高兴的进步。

那么，随后会朝着哪个方向发展呢？无论如何，和平依然遥遥无期。但是，时代不断发展和进步，自然发生了很多变化，参战的人数越来越少了。战争装备不仅具有超强的杀伤力，而且只需要很少的人就能操作。这种演变将促使人们投入更多的机器和机械装置参与战争，而尽量减少人的参与，结果必然是淘汰数量庞大、笨拙沉重、管理难度颇大的军事化部队。战争的主角变成了以最快速度释放巨大能量的武器。随着参战的人数越来越减少，伤亡持续减少，战争渐渐变成了机器与机器的比拼，很少发生流血冲突，而国家则成为满怀兴致的热情观众。只有实现这个欢天喜地的结局，才能确保实现和平。然而，不管怎样改进诸如高射炮、速射枪、爆破弹等有可能用于战争的武器和装备，也不管这些武器和装备的杀伤力是大还是小，都不可能获得这样的进步。一切的武器和装备都需要人进行操作，这意味着人是机器不可或缺的重要组成部分。摧毁和屠杀是武器和装备的目标，破坏力体现了它们的能量。只要人参与战斗，就无法避免杀戮。杀戮只会使人兽性大发。只有从根本上做出改变，才能消灭人的兽性。必须引入战争中从未应用过的新法则——这个法则能够强制性地把战争变成一场竞赛或者演出、一场不会看见血腥的盛会，而且规定每一方都没有豁免权。只有将人从战争中剥离出来，才能实现机器之间的对抗，实现上述所说的结果。然而，怎样才能把这个看似无法实现的目标变成现实呢？答案极其简单：制造能够模仿人的机器——不是只有螺丝、控制杆、轮子和踏板的机械装置，而是具有更高水准的机器，一种看上去拥有智能，能够凭着经验进行判断，能够思考，从而完成特定任务的机器。我凭着自己的人生观察和思考得出这个结论，在此，我想简单地描述我是如何把这个最初看似无法实现的梦想变成现实的。

在孩童时期，我遇到了不同寻常的麻烦，因此饱受困扰。这个问题好像是由视网膜异常兴奋导致的。我能够看到幻象，幻象不但让真实物体的影像变得模糊，而且扰乱了我的思想。每当听到一个词，我的眼前就会出现那个物体鲜明的形象，在很多情况下，我甚至不能区分出现在我眼前的东西是幻觉还是真实的影像。这使我倍感焦虑。我想方设法摆脱这个魔咒。然而，长久以来，我所有的努力都毫无作用。我很确信，直到12岁前后，我才第一次靠着意念成功地消除了眼前的幻象。当时，我前所未有的兴奋，但糟糕的是，就像我当时所担忧的那样，随着眼前再次出现幻象，我又变得焦虑。从那个时候起，我开始自省。我发现，每当眼前出现幻象，我就会回忆起从前看到这个东西的情形。起初，我觉得这是偶然现象，但是不久之后我发现并非如此。

在出现幻象前，我必然见过这个画面。渐渐地，我每次都试图探究出现幻象的原因，起初我只是为了满足愿望，但不久之后我就将其当成一项不得不完成的任务。后来，我发现我的想法，如同幻象是我此前见过的结果一样，也有着与之相似的情况。和探究幻想一样，我同样渴望找到激发我产生某种思想的画面。不久之后，我就养成了寻找初始画面的习惯。我的思想从此开始自动运行，在随后的几年中，它处于下意识的运转状态。每次，我都能很快找到激发某种想法的视觉画面，这成为我的一种能力。非但这样，不久之后，我意识到我的行为动因与之相似。我就这样坚持寻找、观察和证实，经年累月，从不懈怠。我的所有想法和举动，以让我彻底信服的证据，充分证明我是一台具备行动能力的机器人，只是在外界刺激感官的情况下，做出与之相应的反应罢了。我记得，我在一生中只有一两次没有找到让我思考、行动或者进入梦境的本源。

因为这种经历，我早就自然萌生出制造机器人的念头。从物理的角度来说，这种机器人能够替代我，在受到外界的刺激作用时，做出和我相同的反应。当然，机器人所做的是相比之下特别简单的反应。可想而知，这种机器人需要动力、运动装置和方向装置，还需要至少一个感应装置，这样才能根据外界的刺激做出反应。我推测，这种机器应该具备生物的要素和物理特征，能够模仿生物进行运动。完整的模型还应该具备生长和繁殖能力，尤其重要的是具备思想。然而，如此一来，机器人就不必具备生长能力，因为直接制造出"成年"的机器人就能解决这个问题。机器人也不需要具备繁殖能力，因为机械模型原本就是制造出来的。机器是由铁和木头构架而成，还是拥有血肉之躯都无关紧要，关键在于它具备和智慧生命相同的功能。要想实现这一点，它必须拥有元件以对思想做出反应，还要能够控制自身的运动，操控一切行动。在某些突发的特殊情况下，它还要根据已有的知识、经验、推理和判断进行应对。我必须把已经掌握的知识和经验输入元件里，机器人才能成为我的替身。如今，这个发明获得了进展，一种叫作"遥控力学"的新技术名副其实，已经实现了对自动机器的远程操控。

毋庸置疑，这个新技术适用于在水、路、空运行的各种类型的机器。一开始，我选择在船舶上应用新技术。它的动力来自一块内置的电池，它的运动装置是由马达驱动的螺旋桨。另一艘船舶也是由电池驱动的马达操纵的，就是它的方向装置。我首先利用光控设备取代人的眼睛作为感应装置，例如硒光电管。但是，我深入研究发现，鉴于实际的困难等，通过辐射热、光、赫兹辐射等射线，总而言之，各种在空间中呈直线传播的干扰源，都不能令人满意地控制自动机器。在操作者和远程自动机器之间的一切障碍都会影响操控，这是原因之一。还有一个原因是，为了与远程控制设备对应，取代人类眼睛的感应装置只能安装在某个固定的地方，这必然使远程控制设备的操控性受到严重限制。另外一个至关重要的原因是，如果采用射线控制自动机器，那么就几乎无法对自动机进行个性化设置，使它与其他类似的机器区别开来。

显而易见，自动机应该只针对特别的信号进行反应，就像每个人都与自己的名字相对应。根据这种考量，我认为机器的感应装置不应该与人的眼睛对应，而应该与人的耳朵对应。果真如此，人与自动机之间的障碍，以及远程控制设备所处的位置，就不会影响对自动机器的操控。自动机器如同忠心耿耿的仆人一样，除非得到主人的传唤，否则始终保持充耳不闻的状态，不会进行任何反应。要想满足远程控制的诸多要求，必须采用在空间中向不同方向传播的干扰源或者波，例如声波；或者采用不管怎样逶迤曲折，都始终沿着最小阻力路径进行传播的干扰源，而不能采用光或其他射线作为干扰源。为了实现预期的效果，我在船舶上安装了一个内置的电路，采用校准或者也叫作"调谐"的技术手段，针对一段距离之外的"电振器"发出的电振动进行了精确反应。哪怕针对传输来的振动，这个电路的反应极其微弱，这种反应也会作用于磁铁等装置，以磁铁等装置作为介质控制螺旋桨、船舵等各种装置。

　　远程控制者正是运用这个简单的方法，通过机器，呈现自己的知识、经验和判断，从而实现充满智慧且理性的操作和运行。它如同一个人蒙着眼睛，只能根据耳朵接收指令展开行动。截至目前，所有自动机只有"借来的思想"，换而言之，它的所有思想都是远程控制者传输的智能指令，属于远程控制者所有。然而，这项技术刚刚开始发展，不管现在看来是怎样的不可能，我始终想证明，我能设计出一台拥有"想法"的机器人，它就像拥有智能一样，当受到外界的感官刺激时，它能够做出反应，并且纯粹依靠自己完成各种操作和动作。它可以根据预先设定的指令或者线路运行，能够分辨什么是必须去做的，什么是不能做的，并且因此而留下印象，也就是积累经验。这些印象必然对它接下来的行动产生影响。其实，我已经制订了这个计划。

　　下图是我多年以前的发明，当时在实验室进行了展示，并且向参观者做出了说明和解释。距离我发明这项技术已经过去了很长时间，直到最近，大家才知道这项技术，随后进行了广泛讨论，引起了轰动性的报道。然而，普通人没有真正认识到这项新技术的意义，也不了解这项新技术的基本原理所具有的威力多么强大。根据大家的评价，我几乎断定大家依然认为我的这些研究成果不可能实现。即使有极少数人承认我的发明具有实用价值，也仅仅认为可以把这项技术应用在自动鱼雷上，有可能炸毁敌舰。普通人以为我只是想运用赫兹辐射或者其他射线控制船只。如今有线驱动的鱼雷和无线通信技术均已问世，因此能够推导出上文所述的结论。我如果仅仅发明了这种技术，那可谓前进了一小步。但是，我的发明不但能改变舰艇的航向，还能控制各种平移运动，并且能够个性化操作自动机器里配置的各种设备。

特斯拉发明的自动机模型

　　批评者认为，控制自动机器会受到干扰，他们做梦也想不到利用电振动能够获得如此带给人类巨大惊喜的效果。世界发展缓慢，寻找真理更是艰难。在研发攻击和防御性武器时都可以应用这项技术。如果把这项技术应用于制造航天器或者潜艇，那么将爆发出巨大的摧毁能力。它能够无上限负载炸药，且它的攻击距离不受限制，这注定了它必然获得成功。但是，摧毁能力不是新技术唯一的威力，它的问世使战争拥有了空前未有的新元素，即既能作为防御手段也能作为进攻手段的无人战争机器。沿着这个方向继续发展，战争必然会变成机器与机器之间的博弈，既然不需要人参与，也就能避免人员伤亡。这个新技术是实现无人战争的撒手锏。我认为，只有依靠它才能初步实现和平的愿望，并且最终保持和平。未来将会证明我的观点是否正确。在这个问题上，我坚信我的所有观点，但我依然会保持谦虚，怀着开放的心态。

　　如果国家之间保持持久和平，就能显著地减少人类向前发展的阻力，这是解决人类难题的最好方法。然而，真的能实现世界和平的梦想吗？希望能够实现。当科技的光芒驱散黑暗，当全部的愿景都融合起来，当爱国与信仰互相成就，当全人类达成共识，怀着共同的目标，梦想就会变成现实。

第三个问题：怎样增加使人类质量增长的力——利用太阳能

在三个增加人类能量的主要方式中，这个方法令人深思，既因为它具有内在的重要性，也因为各种决定人类发展的条件和因素都与它密切相关。为了更加系统地说明我的思想，我需要循序渐进地讲解我在得出结论的过程中产生的全部想法。在研究的早期，我分析了对前进运动起到决定性作用的、至关重要的力，尤其强调了我在前文所说的决定人类能量的因素之一是假定的"速度"，但是，我不得不在此说明，这已经不属于我当下研究的范围了。一般来说，人类前进的方向正取决于这些力的合力的方向。

这代表所有科学的、合理的、实用的且有用的举动，与质量移动的方向是一致的。那些脚踏实地且善于理智思考的人，例如商人、观察者，以及那些擅长计算、分析和进行预测的人，他们尽量高效率地工作，使工作的效果与前进的方向保持一致。他们成功的秘诀，正是他们掌握的知识和具备的能力。所有新的发现和新获取的知识都会产生相同的影响，并且改变前进的方向，一切合理的、有用的、能够保护自己的、有收益且实用的行为的合力决定了这个方向。这些行为与我们的日常生活、工作业务、情感需求和精神慰藉联系紧密，正是它们驱动着人类不断向前发展。

看看纷纷扰扰、忙碌不休的世界，一切复杂物体的移动都是因为受到外力驱动而进行的巨大的机械运动。从早晨起床开始，我们就会发现身边的所有事物都遵循机械原理：我们赖以生活的水是依靠蒸汽动力出水的；火车从远方给人们送来早餐；不管是民居还是办公楼使用的电梯、载人出行的汽车都受到动力驱动；生活中各种各样的事情、每件努力想要完成的事情都离不开动力的驱动；一切事物都向我们证明了这个原理。晚上，我们回到由机械构造而成的房子里，家里所有为生活提供便利的物品，例如让人感到高兴的灯和火，都在告诉我们动力无处不在，不可或缺。当机械突发故障，当城市发生雪灾，或当某个生命运动戛然而止时，我们会恐惧地发现，我们的生活如果失去动力，就会彻底停摆。动力就是工作，增加使人类加速运动的力，则代表着完成更多工作。

可以用三个词语概括提高人类能量的三个方法：食物、和平与工作。一直以来，我都在对此进行思考，我认为人是受到力所驱动的物体，因而要从机械的角度，对人类复杂的运动进行观察，并且运用简单的机械原理研究人的复杂运动。终于，我总结出上述这些解决方法，这才知道我很小时就已经学习了这些方法，因为那三个词语接近基督教的主旨。如今，我想清楚了这三个词语的科学含义：食物可以增加质量，和平可以减小阻碍力，工作可以增加力，从而加快人类的运动。要想提高人类能量，就必须运用这三个方法。基于这一点，我们才意识到工作是提高人类能量的、反复产生的主要驱动力，持之以恒的工作是有效的、能够持续积累的，但是，我们必须适当休息，才能提高效率。我们受到基督教和科学的启迪，为了推动人类的进步，奉献出最大的力量。通过当下的思考，我得出了这个解决人类问题的关键。

附录3：电动汽车——关于未来动力的看法

尊敬的艾伯特·菲尼克斯先生：

　　您是纽约《制造商档案》的特约记者，针对您昨天的提问，我认为用电力推动汽车是合理的想法。得知里布先生已经开始进行这个方面的实践，我很高兴。他曾经长期在通用电气有限公司，以及其他公司工作，这使他完全可以当仁不让地承担起这项工作。无疑，应用这种方式一定能够成功地制造出理想的机器。这个领域是探索不尽的，这种新型汽车把电力带到原动机和车轮之间，我认为它拥有无限广阔的发展前景。多年以来，我始终倡导这个原理。在很多科技出版物中，你都会发现我撰写的与之有关的文章。1900年6月，我在《世纪》杂志发表的一篇文章中针对这个话题写道："车和蒸汽机船依然通过蒸汽动力运行，直接推动车轴或者船舶轴转动。发电机则使用特殊设计的内燃机或者高压蒸汽机进行推动，从而取代机车和船舶引擎，把产生的电力用作推动力，大幅度提升了燃料热能转化为动能的百分比。除此之外，还可以运用这种方式，确保燃料产生的有效功率高达50%以上，甚至达到100%。令人无法理解的是，工程师们并没有特别关注这种明显的事实。"

仅从表面来看，通过引擎产生电力，再依靠电流产生的力量使车轮转起来，而不是依靠车轮与引擎间的机械连接使车轮转起来，这个过程仿佛烦冗且多此一举。然而，事实不是表面看来的这样。与表面现象恰恰相反，把电力用作推动力有很多实际的好处。假以时日，这个方式将广泛应用于铁路和远洋班轮，尽管把这个方式应用于远洋班轮存在一些弊端。铁路公司坚持使用普通机车，这让人疑惑不解。只要在火车上安装一个引擎，这个引擎就能产生电力，通过位于车辆底部的电动机启动工作，提高火车运行的速度，降低火车运行的成本。在法国，埃尔曼的机器尽管不是顶级的，但是他却实现了这一点，且取得了令人瞩目、振奋人心的成就。我预测，在节能和速度这两个方面，远洋班轮都会获得很明显的提升。因为诸多因素，远洋班轮进行的改进将使人惊喜。在不远的未来，人们也许会以石油为燃料，这大大提升了新型推动方式的可行性。对于发电机和电动机的新型需求，电气制造公司很难满足。

在这个方面，汽车领域几乎没有采取任何行动，却好像提供了最好的机会，以应用这项原理。究竟采用哪一种电动机，是采用我的感应电动机，还是采用直流电动机，这是关键所在。在启动和调速方面，直流电动机占据某些优势，但是，汽车上的电刷和换向器使人心生厌烦。基于这一点，我建议使用感应电动机，这是更符合理想的简单机器，它在任何时候都不会发生故障。因为能够采用超低频及三相以上的电压，所以它具备特别理想的条件，在调速方面毫无障碍。只要生产出这种新型汽车，它的优势就会马上显现出来。

敬启

尼古拉·特斯拉12月17日，在纽约

（本文原载于1904年12月29日《制造商档案》）

附录4：给爱迪生的回复

在研究地球电力环境下的闪电电效应过程中，我进行了一些实验。在实验时，为了检测到偶尔放电引起的电干扰现象，我配置了灵敏接收仪。据我观察，这些接收仪并没有检测到本该检测出的电干扰现象。我深入研究这种反常的现象，马上发现正是闪电放电在地球上产生的电波所具有的特性导致的，闪电放电的枢纽区和移动状态下的干扰源自始至终保持着一定的距离。通过观察这些电波的极大值和极小值，我得到了很多数据，这些数据显示波长在25千米到70千米的区间内变化。根据理论和这些数据进行推导，我得出判断：在地球上，这种电波能够顺着不同的方向进行传播，其波长的变化范围也许更大，但是，地球的特性和物理尺寸限制了波长的极值。我坚信这些电波表现出一个显而易见的迹象，即其产生的干扰已经通过干扰源，传导到地球上最远的端点，并且又从地球上最远的端点被反射回来。因此，我想采取人工方式，在地球上制造这样的电波，并且将其应用在也许适用或者已经发现的领域。

比雷电闪光更强

地球的尺寸实在太大了，人类必须把这种巨大的电能传输速度或者电力运动变成现实，才能接近，也许只是遥远地接近从大自然的电力现象中得到巨大的运动和速度。正是因为如此，这个问题才变得极其艰难。刚开始时，看上去，人类仿佛不管采取什么方式，都不可能实现这个目标，然而随着电振荡发生器的逐步改进，人类终于能够实现这个目标。在第645576和649621号专利里，我曾经描述过这个问题。

最终，我不但成功达到了接近的电能传输或者电力运动速度，而且已经真正超越了闪电放电的电能传播和电力运动速度，就像对比试验和测量表现出来的那样。我发现，利用这个设备能够在地球上复制一切想要的，与这类放电引起的相似或者相同的电力现象。通过了解发现的这些现象，掌握切实的方法实现这些目标，我既能利用已有的设备进行各种操作，也能解决很多因为缺乏这些知识和方法，导致时至今日依然不能解决的，关于操作和控制远程设备的关键问题。例如，利用这种驻波发生器，以及在其他不管多远的随意地点正确放置且准确校正的接收设备，就能把人们能够理解的信号发送出去，还能随心所欲地控制或者驱动任意至少一台这样的设备，从而实现那些有现实意义的重要目标。例如，用于在所有需要时显示观测台的正确时间；用于明确某个物体以已知点为坐标的相对位置，或者距离已知点的距离；用于决定诸如船舰等海上移动物体的路径，决定这些移动物体的速度或者运行距离；用于在根据电波的波长、强度、速度或者方向等因素确定的远方产生各种其他有用效应，或者这类干扰的其他性能或者特征。

带有讽刺意味

在这里，请允许我这么说，在当今时代，如果在相距最远的国家和国家之间没有电话通信设备，或者没有无线电报，那么仅仅是因为我应该于3年前大获成功的工作被一系列不幸和阻碍延误了。针对这一点，我对某些人的作为铭记于心，他们疯狂地把沙子丢进人们的眼睛里，误认为只有阻碍发明，他们才能占据优势。对于他们而言，如果隔着汪洋大海发送的首波信息无异于灾难，那么在世界各国之间进行通话就是悲惨的惩罚，毋庸置疑，他们应该受到这样的对待。

（本文原载于1905年7月14日《英国机械师与科学世界》）

尼古拉·特斯拉大事记

1856年7月10日

特斯拉出生于斯米连（现属于克罗地亚的戈斯皮奇市）的一个村庄，父母都是塞尔维亚人。

他的父亲是一位塞尔维亚东正教牧师，特斯拉在家里五个孩子中排行第四。

特斯拉的本名尼古拉是以他爷爷和外公的名字命名的。

1862年

全家移居到戈斯皮奇。

1870年

特斯拉14岁，就在完成在戈斯皮奇高中的学习后不久，他"因患上一种，或者说好几种，非常危险的疾病而神情憔悴"。他写道："我的病情极其严重，连医生都放弃我了。"

1875年

这位年轻的学生离家前往奥地利的格拉茨市，在奥地利的格拉茨科技大学修读电机工程。

1879年4月17日

特斯拉父亲去世，享年60岁。

1881年

在布达佩斯电报局工作期间，特斯拉开始对交流电进行研究，提出了交流电动机的概念。

1883年

特斯拉受雇于斯特拉斯堡的爱迪生大陆公司，并制造了第一个感应电机模型。

1884年

6月初，特斯拉搭乘"里士满城"号轮船抵达纽约。

在到达美国的第二天，这位28岁的新移民才终于见到了37岁的托马斯·爱迪生。这次会面被特斯拉称作"人生中值得铭记的一件事"。

1887年

4月，特斯拉、佩克与布朗共同组建了特斯拉电力公司，规定发明家本人得到公司盈利额的三分之一，佩克和布朗分享三分之一，余下的三分之一则被用于投资开发新的创新项目。

除此之外，特斯拉享有一份每月250美元的薪酬（相当于今天78000美元的年薪），还可以使用位于曼哈顿金融区内第五大道南33—35号（现为西百老汇）的那间稍微大一些的实验室。

但因投资商不同意他关于交流电发电机的计划，特斯拉最终被罢免了职务。

1888年

为美国电气电子工程师学会演示了无电刷交流电感应马达，并发现了特斯拉线圈的原理且开始在西屋电器与制造公司位于匹兹堡的实验室与乔治·威斯汀豪斯一起工作。

1891年

特斯拉发明了特斯拉线圈，成为无线电技术的重要基础,证实了无线能量传输。

7月30日，他加入美国国籍，并在纽约第五大道建立了自己的实验室。

1893年——1895年

研究高频交流电，用圆锥形的特斯拉线圈造出了百万伏的交流电；研究了导体中的"集肤效应"；设计了调谐电路，发明了无绳气体放电灯，并无线发射了电能，制造了第一台无线电发射机。

1895年

替美国尼亚加拉水电站制造发电机组，致使该水电站至今仍是世界著名水电站之一。

1897年

成立特斯拉电气公司，专注于交流电系统的研究。

使无线电通信理论成为现实，并在无线电工程技术领域注册了20项发明专利。

1898年

制造出世界上第一艘无线电遥控船，无线电遥控技术取得专利。

获得多项交流电发明专利，包括交流电动机和变压器。

1899年

发明了X射线摄影技术。

在科罗拉多斯普林斯进行大规模无线电能传输实验。

1906年

值50岁生日之际，特斯拉示范了他的200匹马力（约150千瓦），每分钟1500转的无叶片涡轮。

1912年

由于他和爱迪生在电力方面的贡献，两人被同时授予诺贝尔物理学奖，但两人都拒绝领奖，理由是无法忍受和对方分享这一荣誉。

1917年

特斯拉提出利用电磁波反射探测远距离物体的设想，这与雷达的基本原理相符。

1922年

进一步发展雷达理论，提出通过电磁波探测物体的方案。

1931年

在75岁生日时，特斯拉共收到8位诺贝尔物理学奖得主的来信。

同年，特斯拉登上美国《时代》周刊封面。

1943年1月7日

孤独地在纽约酒店3327房间死于心衰竭，享年86岁。

在他的葬礼上，有三位诺贝尔物理学奖得主到场致辞。

1960年

在巴黎召开的国际计量大会上，为了纪念特斯拉的成就，慕尼黑的国际电工委员会确定特斯拉为磁感应强度的国际科学单位。

1975年

特斯拉被正式引入美国国家发明家名人堂。